사람에게
돌아가라

사람에게 돌아가라

2015년 11월 30일 초판 1쇄 발행 | 2015년 12월 1일 4쇄 발행
지은이 · 장문정

펴낸이 · 이성만
책임편집 · 정상태 | 디자인 · 김애숙

마케팅 · 권금숙, 김석원, 김명래, 최의범, 조히라, 강신우
경영지원 · 김상현, 이윤하, 김현우
펴낸곳 · (주) 쌤앤파커스 | 출판신고 · 2006년 9월 25일 제406-2012-000063호
주소 · 경기도 파주시 회동길 174 파주출판도시
전화 · 031-960-4800 | 팩스 · 031-960-4806 | 이메일 · info@smpk.kr

쌤앤파커스(Sam&Parkers)는 독자 여러분의 책에 관한 아이디어와 원고 투고를 설레는 마음으로 기다리고
있습니다. 책으로 엮기를 원하는 아이디어가 있으신 분은 이메일 book@smpk.kr로 간단한 개요와 취지,
연락처 등을 보내주세요. 머뭇거리지 말고 문을 두드리세요. 길이 열립니다.

아닌 척하지만 사실은 너무나도 외로운 당신에게

사람에게 돌아가라

· 장문정 지음 ·

쌤앤
파커스

우리들은 모두
무엇이 되고 싶다.
너는 나에게 나는 너에게
잊혀지지 않는 하나의 의미가 되고 싶다.

— 김춘수, 〈꽃〉 중에서

외로움을 이겨내는 힘

2000년 덴마크의 가장 큰 음악 축제인 '로스
킬레 페스티벌Roskilde Festival'에서는 특별한 이벤트가 열렸다. 아주 특
별하지만 사실은 너무나도 단순했던 이 이벤트는 주위에 있는 사람들
과 '그냥 대화를 하는 것'이었다. 대화로 편견과 폭력을 없앨 수 있다
고 생각한 로니 아베르겔Ronni Abergel이라는 사람의 아이디어로 시작된
이 이벤트는 큰 성공을 거뒀고, 그 후 전 세계 70여 개국으로 퍼진 '휴
먼라이브러리Human Library'의 시초가 되었다.

한마디로 휴먼라이브러리는 도서관에서 책을 빌리는 것이 아니라
'사람'을 빌리는 것이다. 도서관에 등록된 '휴먼북'을 검색하고, 관심
있는 주제에 대해 이야기해줄 사람을 선택한 뒤 휴먼북과 마주앉아 자

유롭게 대화하면 된다. 다른 누군가의 경험만큼 훌륭한 책이 또 어디 있을까? 휴먼라이브러리는 남해의 저 수많은 섬들처럼 외롭게 떨어져서 살아가고 있는 우리에게 어떤 중요한 메시지를 던져주고 있는 것 같다.

가면을 벗어던지고 사람과 마주앉아 눈빛을 교환하며 대화를 나누는 모습만큼 아름다운 장면은 없다. 하지만 동시에 이 장면은 요즘 세상에선 쉽게 찾아보기 어려운 것이기도 하다. 편한 것, 쉬운 것, 번거롭지 않은 것만 찾다 보니 우리는 언젠가부터 '혼자가 차라리 편해.' '혼자 있으면 좋겠어.'라는 생각을 하게 됐다.

매일 매 순간 이런저런 관계 속에서 사람들과 아등바등 부딪치며 살고 있는데 혼자 있는 시간도 필요한 거 아니냐고? 과연 그런가? 그렇다면 최근에 당신이 누군가와 마음속 깊이 함께하고 있다는 느낌을 받아본 적이 있는지 묻고 싶다. 겉으로는 늘 웃고, 친절하고, 사교성 넘치는 당신, 사실은 늘 혼자라고 생각하지 않았나? 외롭다고 생각하지 않았나?

사는 게 힘들다고 느낄 때, 뭔가 일이 잘 안 풀릴 때 당신은 누구에게 고민을 털어놓았는가? 혹시 그 고민을 누구에게 털어놓아야 할지 또 고민하다가 그냥 마음속에 묻어버리는 편이 낫겠다고 생각한 적은 없었나? 가족, 친구, 연인, 학교 선후배, 직장 동료… 이렇게 많은 관계와 사람들에게 둘러싸여 살아가면서도 사소한 고민 하나 마음 놓고 털어놓을 데가 없다니! 도대체 뭐가 잘못된 걸까?

오늘도 우리는 자기 자신에게 이렇게 말을 건네며 위로를 삼았다. "그래. 세상에 외로운 건 나 혼자만이 아니니까." 어제 만난 동료도 위로를 해준답시고 당신에게 이렇게 말했다. "그래도 외로운 게 너 하나만은 아니잖아?" 그런데 미안한 말이지만, 이건 위로가 아니라 절망이다. 물론 틀린 말은 아니다. 사람들은 저마다의 이유로 외롭다고 생각할 것이다. 하지만 "외로운 사람은 나 혼자가 아니다."라는 말로 위안을 삼는 게 과연 어떤 도움이 될까? 정말로 외로운 게 나 혼자만이 아니라는 사실을 안다면, 우리는 어설픈 위로로 방바닥만 긁고 있을 게 아니라 당장 방문을 열고 세상으로 나와 사람들과 마음으로 만나야 한다. 이 책을 쓰게 된 가장 큰 이유다.

많은 사람을 만났다. 나는 꽤 오랜 기간 동안 다양한 연령대, 다양한 직업을 가진 사람들과 만나 많은 이야기를 들었다. 그 사람들은 하루도 빠짐없이 고객과 만나야 하는 세일즈맨뿐만 아니라 평범한 사무직 회사원, 취업을 앞둔 대학생, 매일 민원을 처리해야 하는 공무원도 있었다. 모두가 한 가정의 부모 자녀였고, 우리 사회의 평범한 구성원들이었다.

지금 이 책을 손에 들고 있는 당신과 마찬가지로 내가 만난 사람들 역시 길 위에서 많은 사람을 만나고 여러 종류의 관계를 맺으면서 살아가고 있었다. 그런데 그 수많은 만남과 관계 속에서 사람들은 오히려 점점 더 '외톨이'가 되어가고 있었다. 그 이유가 궁금했다. 당장 알아보고 싶었다. 그리고 지난 3년 동안 2만여 명을 대상으로 외로움에 대해 다각도로 설문 조사를 진행했다.

결과는 참 슬펐다. 사람들은 이 거대한 외로움의 시대를 함께, 그러나 자기 안에 갇힌 채로 섬처럼 떨어져 살아가고 있었다. "집에서도 회사에서도 밝게 지내고 누구보다도 열심히 살기 위해 노력하고 있는데, 왜 제 인생은 점점 푸석푸석해지고 외로워지기만 하는 걸까요?" 어느 직장인의 말이다.

비유가 좀 그렇긴 한데, 실험용 쥐와 길거리 쥐는 태생적으로 다르다. 실험실에 있는 쥐들은 길거리 싸움을 못한다. 실제 쥐의 배고픔과 애달픈 삶을 알고자 한다면 실험실을 만들 게 아니라 길거리로 나가야 한다. 골방으로 들어가 엉덩이로 쓴 게 아니라는 말이다. 뛰어 다니면서 발로 썼다. 현장의 진실한 목소리를 듣기 위해 어떤 날은 혼 빠져라 일하고 있는 직장인들을 찾아가 설문을 받아냈고, 어떤 날은 야간에 기업 연수원 기숙사를 찾아가 잠들기 직전에 설문을 받았으며, 어떤 날은 기분 좋게 한잔 회식을 하고 돌아가는 이들의 발걸음을 멈추게 하고 취중진담을 들었다. 이성과 감성의 경계를 넘나들며 그들의 속마음을 샅샅이 수집했다.

이 책은 지난 3년 동안 100여 개 기업의 상품 마케팅과 세일즈 컨설팅을 하며 '외로움'이라는 주제를 파헤치기 위해 2만여 명의 사람들을 대상으로 심도 깊은 그룹인터뷰FGI나 개별 인터뷰, 다각적인 설문조사를 근간으로 하여 완성된 것이다. 현대인이 내면에 감추고 있는 애환과 심리를 날것으로 맛보기 위해서는 당연히 치러야 할 수고였다. 통계의 함정과 주관적 견해를 보완하기 위해 외로움에 대한 국내외 논문들, 학술자료, 실험 결과, 기사들을 이 잡듯 조사했고 또한 오랜 고대의 조언들도 인용한다. 고대 격언, 불교 경전, 6가지 번역판의 성서를 참고했다. 덕분에 성서만 4번 통독했다. 케케묵은 조언 같아도 무시할 수 없다. 한 글자 한 글자 피와 땀으로 썼다.

말단 직장인부터 임원까지, 영업직부터 연구원까지, 20대부터 60대까지, 직급도 직종도 성별이나 나이도 상관없이 전체를 관통하는 공통의 심리가 이 책의 뼈대를 이룬다. 관계 맺음이 역사상 가장 복잡한 현대 사회에서 사람들은 그 어느 때보다도 더 깊이 외로움을 느끼고 있었다. 말라버린 가슴으로 차디찬 냉골에서 매일 밤 잠들고 있었다.

이야기는 본질에 가까울수록 가치가 커진다. 이 책은 당신의 내면 깊은 본질에 대한 이야기다. 단순히 추상적인 외로움이 아닌, 삶의 현장에서 맞닥뜨린 외로움에 대해서 폭넓고 깊이 있게 조사한 이야기다. 박노해 시인은 〈다시〉라는 시에서 "사람 속에 들어 있다. 사람에서 시작된다. 다시 사람만이 희망이다."라고 노래했다. 문제가 사람이었듯 해답도 사람이다. 《사람에게 돌아가라》는 몇 줄 읽다 덮는 책이 아니다. 읽어 내려갈수록 당신을 따끔따끔 찌를 테다.

눈에 안 보인다고 없는 게 아니다. 바다에 있는 소금을 육지에 고르게 펴 놓으면 두께가 150m, 약 45층 건물 높이의 소금층이 생긴다고 한다. 그렇게 많은 것이 담겨 있는데 바다를 바라보면 그 누구도 소금을 생각하지는 못한다. 눈에 안 보인다고 없는 게 아니다. 외로움이 눈으로 보이거나 MRI로 촬영할 수 있는 것이어서 치료법을 정확하게 알 수 있는 것이라면 당신은 이 책을 읽고 있지도 않았다. 보이지 않지만 분명 크게 존재하는 것, 외로움이다.

지금 외롭다고 느끼는가? 이 책이 당신의 외로움에 대해, 외로움을 이겨낼 수 있는 힘에 대해 많은 조언을 해줄 것이다. 정작 본인은 뭔가를 향해 미친 듯이 달리고 있으면서 아무도 자신에게 말 걸어주지 않는다고 탓하고 있는가? 삶의 속도를 줄이고 그 줄인 만큼의 시간을 이 책을 읽는 데 잠시 쓰시길 권한다. 세상이 너무 혼잡해서, 생각할 시간이 필요해서, 당신의 내면을 더 깊이 들여다보기 위해서 혼자 있고 싶은가? 그 시간을 보낸 다음 문을 열고 다시 세상으로 나가려 할 때 이 책을 챙기는 걸 잊지 않길 바란다.

이토록 처절한 외로움의 시대를 건너기로 결심한 모든 사람들에게 이 책이 든든한 동반자가 되기를. 때때로 믿고 의지할 만한 지도와 나침반이 되기를 진심 바란다. 이제 항해를 시작하도록 하자.

목적지는 '사람'이다.

2015년 11월

장문정

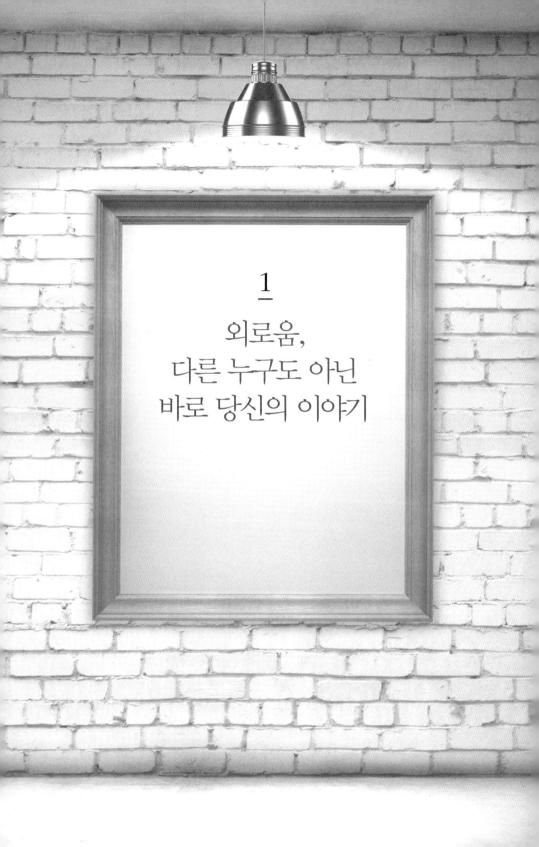

1

외로움,
다른 누구도 아닌
바로 당신의 이야기

까끌까끌,
신발 속의 모래알 꺼내기

한의학에 '미병未病'이라는 말이 있다. 특별히 아픈 데도 없는데 몸이 늘어지고 피곤한 상태가 계속되는 어중간한 상태를 말한다. 건강하지는 않지만 질병이라고 볼 수도 없는 상태를 양의학에서는 '질병 전 단계'라고 부른다. 한 조사 결과에 따르면 우리나라 성인 중 무려 47%가 특별한 병명도 없이 몸의 이상 증세를 호소하는 것으로 나타났다. 무엇보다도 미병의 가장 큰 문제는 이런 상태를 무시하고 똑같은 생활 패턴을 반복하다 보면 결국 큰 병원 신세를 지는 진짜 환자가 된다는 데에 있다.

현대인을 못살게 구는 가장 문제적인 감정 중 하나가 바로 '외로움'이다. 외로움은 미병과도 같아 공허감을 느끼게 하고, 스스로 고립되어 있다는 절망적인 느낌을 주며, 사람들과 단절되어 있다는 기분이 들게 한다. 바다를 바라볼 때 보이지 않는다고 그 안에 소금이 없는 것이 아니듯, 외로움도 눈으로 보이지 않거나 의료 장비로 측정이 안 된다고 없는 것이 아니다. 외로움은 생각보다 강한 감정이다.

한 교수가 방송에서 "외로움은 좋은 것이다. 외로울 때 우리는 자기 자신을 곰곰이 되돌아볼 수 있는 자기만의 시간과 기회를 가질 수 있다."라고 말한 적이 있다. 이처럼 외로움에도 긍정적 영향이 있다고 보는 이들이 있다. 자신을 돌아보는 계기를 마련하고 자기계발에 투자할 기회도 마련하게 해준다는 것이다. 과연 그럴까? 5개 기업 1,500명에게 물었다.

"외로울 때 자신을 돌아보고 더 발전하는 계기로 삼았다고 생각하십니까?"

실제로 그런 일이 일어났다고 답한 사람은 거의 없었다. 오히려 반대 결과가 대부분이었다. 외로움 때문에 오히려 성급하게 그릇된 판단을 내린 사람도 있었고, "에라 모르겠다." 하며 아무나 만나다가 더 상처만 받았다는 사람도 있었다. 심지어 쇼핑으로 외로운 마음을 달래려고 하다가 과소비를 했다는 사례도 있었다.

외로움 때문에 마음이 심하게 흔들리면 일상에서의 행동도 심하게 흔들린다. 외로우면 판단력도 흐려진다. 주변 사람들이 "도대체 그때 왜 그랬어?"라고 물을 정도로 그릇된 행동을 할 때도 있다. 그러면 속으로 답한다.

'나도 그때 왜 그랬는지 이해가 안 돼.'

쇼핑으로 외로움을 달래려고 했던 사람을 보자. 사실 외로움은 슬픔과 직결되는 감정이기도 하다. 사람은 슬플 때 돈을 낭비하기가 쉬워진다는 조사도 있다. 하버드 대학교 심리학 연구진은 한 실험에서 슬픈 감정을 유발하는 영상을 참가자들에게 보여주고 슬픔을 느끼는 그룹과 슬픔을 느끼지 않는 그룹으로 나눈 뒤 재무적인 판단을 내리는 실험을 했다. 그 결과 슬픔을 느낀 참가자들은 손해로 이어질 수 있는 결정을 자주 내리는 것으로 나타났다.

외로움은 가슴을 짓누르는 돌과 같다. 무덤덤하고 무관심한 광활한 회색 도시에서 미약한 존재로 헤매고 있는 우리를 완벽한 무방비 상태로 만든다. 내 감정의 주체를 무너뜨려 흐릿해지고 무력해지게 하며 내 삶의 변두리를 헤매는 낭인浪人처럼 느껴지게 만든다.

다시 말하지만 외로움은 매우 강한 감정이다. 배고플 때 느끼는 맹렬한 식욕이나 이성에 대해 느끼는 성욕만큼 강한 감정이다. 문제는 사람들이 외로움을 강한 감정으로 인식하지 못하거나 무시하려고만 한다는 점이다. 외로움은 결코 마음의 평화를 가져다주지도 않고 자신을 돌아보게 만들지도 않는다. 외로움은 자신을 냉철하고 이성적으로 바라보게 하지 않는다. 외로우면 더 실수한다. 이성적이 될 수 없다. 마음이 요동칠수록 마구잡이로 행동하게 된다. 귀가 얇아져서 여기저기 찔러보거나 누군가의 말 한 마디에 쉽게 혹한다. 말을 자주 갈아타면 낙마할 확률만 높아진다. 외로움은, 중심을 잃게 한다. 인간은 적응의 동물이라고들 한다. 하지만 '외로움'이라는 단어와 '적응'이라는 말은 함께 쓸 수 없다. 군대에서는 시간이 계급이지만 외로움의 시간에는 '이제 다 적응했어.'라는 명예로운 계급이 없다. 누군가가 내게 외로움에 적응하고 살아보라고 하면, 한 대 때려주고 싶다.

당신은 어떤가?

어렸을 때 넘어져서 무릎이 까졌던 기억을 떠올려보자. 상처는 어땠는가? 상처가 다 아물고 흉터가 사라질 때까지 얼마나 시간이 걸렸는가? 몸에 난 상처와 같이 마음에 난 상처도 마찬가지다. 상처가 깊을수록 아물려면 시간이 많이 걸린다. 외로움이 치유되기 위해서는 더더욱 오랜 시간이 걸릴 것이다.

우리는 지금 그 여정을 시작하려고 한다. 그러려면 외로움이란 무엇인지 먼저 알아야 하지 않을까?

사실 여러 감정의 복합적 산물인 외로움을 피자 자르듯 명쾌하게 나누어 정의할 수는 없다. 하지만 이런 상황을 떠올려보라. 딱히 어디가 안 좋은지 설명하기 어려운 몸을 질질 끌고 병원에 갔을 때, 의사가 구체적인 병명을 알려주면 환자도 최소한 자신이 어떻게 해야 할지 감을 잡는다. 그런 의미에서 몇몇 사전을 참고해 외로움과 비슷하다고 여겨지는 감정들을 다음과 같이 정리해볼 수 있다.

- **혼자** alone

  다른 사람들과 분리되어 있는 상태지만 그렇다고 해서 반드시 불행하다는 의미를 내포하는 건 아니다. 신체적으로 자신의 상태가 고립되어 있음을 말한다.

- **외로움** loneliness

  누군가와 함께 있고 싶어 하는 마음. '쓸쓸한 혹은 황량한 느낌을 일으키는'으로 정의된다. 혼자라는 사실을 고통스럽게 의식하는 것을 암시한다.

- **쓸쓸함** lonesome

  비탄에 빠져 있거나 비통하거나 우울한 상태를 가리킨다. 애정 어린 친한 벗을 바라는 애처로운 욕망이며 위로받고 싶은 마음이 충족되지 않은 상태이다.

• **고독**solitary

흔히 '외로움'과 '쓸쓸함'의 의미를 다 가지고 있는 상태로 정의된
다. 물리적 고립 상태뿐 아니라 감정적 고립 상태까지 동반하는 의
미다.

이 책에서는 이와 같은 감정들을 '외로움'이라는 말로 통칭하려고 한
다. 어쨌거나 외로움을 느낀다는 것은 지금 당신이 육체적으로든 정신
적으로든 혼자 있음을 의미하니까. 이건 당신의 빈 가슴이 채워지지 않
고 있다는 또렷한 증거다.

ING생명 330명에게 외로움을 포함해 우리가 느끼는 몇 가지 감정들
을 색깔로 표현해보라고 했다. 표현할 색깔이 없으면 공란으로 비워두
게 했다. 분노는 빨강, 두려움은 검정, 질투는 초록, 우울은 회색을 선
택했다. 외로움은? 외로움은 대부분 표현할 수 있는 색깔이 없다는 결
과가 나왔다. 외로움은 무색, 무취의 감정이었다.

분노	두려움	질투	우울	외로움
빨강	검정	초록	회색	?

"나는 내가 처해 있는 문제를 알고 있다." 혹은 "나의 외로움을 잘 알고 있다." 이걸로는 부족하다. "어떤 영어 단어를 알고 있다."라는 말과 "그 영어 단어를 사용할 수 있다."라는 말 사이에는 엄청난 차이가 있다. 외로움도 마찬가지다. 우리는 외로움을 알아야 할 뿐만 아니라 그 감정에 자유롭게 대처할 줄도 알아야 한다. 결국 이 책의 최종 목표는 '외로움 알기'에서 그치는 것이 아니라 '외로움 이기기'다.

외로움을 무시하지 마라. 외로움이 오랫동안 방치되면 가슴속은 서서히 녹이 슬어간다. 외로움을 무시하는 사람들은 사랑, 연대, 교류 같은 소중한 가치들을 '있어도 그만 없어도 그만'이라고 생각한다. 어쩌면 그들은 자신이 대처에 능숙한 어른이 되었다고 믿고 있는 걸지도 모른다. 틀렸다. 무시하는 것뿐이다. 공포 영화를 볼 때 무서우면 눈을 감으면 된다. 보기 싫은 사람은 상종하지 않으면 된다. 하지만 외로움이란 감정은 눈을 감거나 고개 돌려 외면할 성질의 것이 아니다. 게다가 외로움은 자신만의 문제도 아니다. 가족과 주위 사람까지 우울하게 만들고 걱정과 근심에 빠뜨린다. 사랑하는 이들에게 어둠의 기운을 퍼뜨리는 당신! 그래도 좋은가?

큰 바위에 걸려 넘어지는 사람은 없다. 작은 돌에 걸려 넘어진다. 당신이 애써 무시하려 했던 작은 외로움도 당신을 거꾸러지게 만들 수 있다. 서양에서는 일상의 불편을 '신발 속의 돌멩이Stone in my shoe'라고 한다. 발바닥에 아무리 두꺼운 굳은살이 박여 있고 발이 굼뜨다 해도 신발 속에 작은 모래알 하나만 들어가면 단박에 거북함을 느낀다. 무시하고 걷자니 계속 신발 속에서 느껴지는 작은 거슬림이 내 전신에 전해진다. 결국 걸음을 멈추고 신발 속에 든 모래 알갱이를 빼야만 한다. 외로움은 신발 속에 든 모래 한 알과 같다. 이 감정도 당신의 현재 진행형 삶을 멈추게 만들 수 있다. 작은 것이 나를 괴롭힌다. 작은 것이 치명적이다. 사소하고 작은 것이라고 소홀히 하지 마라.

외로움도 이처럼 아주 작은 감정에서 출발한다. 외로움은 당신의 마음 깊숙한 곳에서 자라난다. 처음에는 "외로워…."라고 읊조린다. 이게 시작이다. 그리고 커져간다. '누가 내 감정을 헤아려줬으면….' 그러다가 '아무도 내게 관심이 없어.' '버림받은 기분이야.' '또 다시 나만 혼자 남았어.' '서러워.' 심지어 '사람들을 피하고 싶어….'라는 식으로 발전한다. 외로움은 작지만 크다.

1982년 미국의 범죄학자인 제임스 윌슨James Wilson과 조지 켈링George Kelling은 문예평론지 〈애틀랜틱 먼슬리Atlantic Monthly〉에 '깨진 유리창의 법칙Broken windows theory'을 발표했다. 세워둔 지 며칠이 지나도 멀쩡하던 자동차의 번호판을 떼고 유리창 하나를 깨놓았더니 몇 시간도 안 되어 배터리, 타이어, 좌석 커버가 뜯겨나가고 나머지 창문까지 다 깨져 결국 차가 완전히 망가졌다는 실험이다. 비슷하게 미국의 어느 지역에 창문이 하나 깨진 집이 있었는데 그대로 방치했더니 부랑자들이 버려진 집인 줄 알고 모여들었고, 그러다 그 집을 중심으로 점점 동네 전체가 우범 지역이 되었다는 사례가 있다. 즉, 사소하고 작은 문제점 하나를 방치하고 소홀히 하면 더 큰 문제가 될 수 있다는 말이다.

쇠사슬은 단 한 군데라도 약한 부분이 있다면 다른 고리들이 아무리 강해도 끊어지기 마련이다. 당신의 다른 감정들이 제아무리 잘 조절된다 해도 외로움이란 약한 감정은 당신 감정 전체의 유대를 끊어버린다. 겉에서 느껴지는 통증은 통증클리닉을 찾아다니며 치료하면 나을 수 있다. 마음속 통증을 치료할 생각이라면 이 책이 도움을 줄 수 있을 것이다.

외로움은 결함 있는 벽돌과 같다. 내부적 결함이 있는 벽돌은 쌓으면 쌓을수록 건물을 약화시키고 무너뜨린다. 70~80년대 한국의 공장에서는 어디서나 쉽게 볼 수 있는 표어가 있었다. '닦고 조이고 기름칠하자.' 지금부터 당신의 감정 중 외로움이라는 취약한 부분을 닦고 조이고 기름칠할 시간이다.

외로움은 가슴을 짓누르는 돌과 같다.

무덤덤하고 무관심한 광활한 회색 도시에서
미약한 존재로 헤매고 있는 우리를
완벽한 무방비 상태로 만든다.
내 감정의 주체를 무너뜨려 흐릿해지고
무력해지게 하며 내 삶의 변두리를 헤매는
낭인浪人처럼 느껴지게 만든다.

그 많던 이웃은
다 어디로 갔을까?

1964년 3월 13일 금요일 새벽, 술집 매니저였던 28세 제노비스는 길거리에서 무참하게 칼로 난자되어 살해됐다. 놀라운 건 그녀가 크게 소리치면서 도와달라고 외친 새벽 3시 15분부터 50분까지 35분 동안 무수히 칼에 찔리는 모습을 주변 아파트에 살던 이웃들이 생생하게 지켜보면서도 누구 한 명 신고하거나 도와주지 않았다는 사실이었다. 아파트에서 그녀의 모습을 보고 있던 사람은 무려 38명이었다.

1998년, 17세대가 살고 있던 독일 함부르크의 한 아파트에서 볼프강 디르크스라는 사람의 시신이 발견되었다. 입주민들은 그 사람이 언젠가부터 보이지 않았다는 것을 알고 있었지만 그의 집 초인종을 눌러

봐야겠다고 생각한 사람은 아무도 없었다. 세월이 흘러 그는 점차 사람들의 기억 속에서 잊혀졌다. 그러던 어느 날 누군가 집에 들어가 보니 TV 앞에 놓인 쇼파에 그가 죽은 채 앉아 있었다. 그 시신의 허벅지 위에 1993년 12월 5일자로 되어 있는 텔레비전 프로그램 잡지가 펼쳐져 있었다. 그가 죽은 뒤로 장장 5년 동안 아무도 그를 찾지 않았던 것이다. 이건 약과다. 심지어 프랑스에서는 알베르토 로드리게스라는 한 노인이 자신의 집에서 죽은 지 15년 만에 발견됐다. 물이 샌다는 이웃 주민의 신고를 받고 찾아온 공무원에게 발견됐다. 발견 당시 이 노인은 잠옷을 입은 채 침대에 홀로 누워 있었다. 이웃과 단절된 사회에서 고독사한 쓸쓸한 사망이었다.

2010년 12월 25일 영국의 한 42세 여자가 소셜 미디어에 자살하겠다고 글을 올렸다. 그 글은 마치 자신에게 관심을 가져달라는 절박한 외침 같았다. 인터넷에서 그녀와 친구를 맺고 있던 사람은 1,500명. 그중 어느 누구도 그녀를 도우러 오지 않았다. 다음 날 아침, 그녀는 죽은 채 발견되었다.

방관자 효과bystander effect는 오늘날 이상하기보다는 어쩌면 당연시되고 있다. 괜히 님의 일에 간섭했다가 자기에게 불똥이라도 튈까 봐 두려워하는 것이다. 생활고에 시달리다 안타깝게 젊은 나이에 세상을 떠난 이들이 뉴스에 보도되는 걸 보면, 고독사는 이제 노인들만의 얘기가 아닌 시대가 되었음을 보여준다. 한 조사 결과를 보면 이제는 고독사하는 사람 5명 중 1명이 20~30대로 파악되고 있다. 고독사란 '무연고 사망자'란 슬픈 말로 바꿀 수 있다. 세상을 떠날 때 이승에서의 행적을 누구 하나 기억해주지 않고, 누구 하나 눈물 흘려주지 않는다. 이는 철저한 외로움 속에서 완벽히 혼자 된 죽음을 맞이하는 사람을 말한다.

무연고 사망자가 한 해에 1,000명을 웃돈다는 통계는 더 이상 말을 이을 수 없게 만든다. 유족이 없는 사람들은 장례도 치르지 못한다. 관할 구청에서 무연고 사망자 공고를 내고 한두 달 내에 연락이 없으면 화장한다. 이렇게 많은 사람들, 이렇게 바글대는 도시 한가운데에서 그가 죽었다는 사실을 아는 사람이 단 한 명도 없다는 게 아이러니하다. 장례식장에 와서 누군가 육개장 한 그릇 먹고 엉덩이 잠깐 붙이고 앉아 있어주는 호사도 누리지 못한다. 그렇게 쓸쓸히 세상을 떠난 뒤에도 그의 빈 집으로 날아오는 가스 요금 청구서만이 우편함에서 그를 기억해줄 뿐이다.

당신에게는 이웃이 있는가? 내가 앞에서 예로 든 이야기들은 이웃과 공존하는 공간에서 살아가면서도 관심과 염려가 사라졌음을 보여주는 슬픈 사건들이다. 나도 주상 복합 아파트에서 혼자 산다. 어느 날인가,

늘 바쁘게 움직이고 많은 사람을 만나면서 일하는 가운데 이런 생각이 들었다. 나는 죽으면 얼마 만에 발견될까? 나 같은 생각을 당신도 하고 있을지 모르겠다.

대체 나의 이웃은 다 어디로 사라져버린 걸까?

물론 이웃은 있다. 있다는 게 느껴진다. 복도를 걷는 소리, 현관 앞에서 비밀번호 누르는 소리, 전화 통화 소리, 주차장에 자동차가 들고 나는 소리, 꺼졌다 켜졌다 하는 전등, 창가에서 움직이는 어스름한 그림자…. 분명 이웃이 '살아 있다'는 증거다. 그러나 그들도 자기만의 벽 속에 갇혀 사는 사람들이다. 자신만의 빗장을 걸어닫고 사는 사람들일지도 모른다. 당신처럼.

문화 평론가 정윤수는 가장 흔한 우리의 주거 형태인 아파트를 '임시 천막'으로 묘사했다. 사람들이 자꾸만 집 평수를 늘려나갈 생각만 하다 보니 지금 살고 있는 아파트를 더 큰 집으로 이사 가기 전에 잠시 지내는 '임시 거주지'로만 여긴다는 말이다. 뿌리를 내리고 오래 살 집이 아니다 보니 이웃끼리 정을 주고받을 마음은커녕 이웃이라는 개념 자체가 들어설 수 없게 돼버린 셈이다.

2012년 8월 서울 노원구가 '주민 간 인사하기' 실천 운동을 위해 '안녕하세요' 캠페인을 벌였다. 주부 자원 봉사자, 경비원, 마을버스 기사 등이 조사원이 되어 7,700여 명의 이웃에게 반갑게 인사할 때 화답을 하는지 실험했다. 눈을 마주치고 웃으며 인사할 때 똑같이 인사로 답한 경우가 38%뿐이었다. 10명 중 6명은 웃음으로 인사하는 이웃을 못 본 척하거나 차갑게 무시했다. 인사를 주고받는다는 것은 마음의 문을 열기 위한 첫걸음이다. 우리가 그 시작조차 겁내고 있는 것은 아닌지….

그렇게 이웃들은 세상에서 점점 더 소외되어 가고 이웃 간의 친근감은 범죄와 두려움 속에 말라가고 있다. 현대 사회는 이웃을 인정하지 않는다고 19세기 영국의 정치가 벤저민 디즈레일리는 말했다.

아니다. 우리가 원래 이웃을 인정하지 않은 건 아니다. 1999년에 파괴적인 지진이 터키를 강타했을 때 그리스는 열심히 터키의 지진 복구를 도왔다. 그리스 사람들은 터키 사람들을 미워하라고 가르침 받아왔다. 하지만 터키의 지진 현장에서 죽은 아이들을 구조할 때 그리스인들은 아기처럼 울음을 터트렸고 심지어 공식 구조 작업이 끝났을 때도 여전히 구조에 매진하며 사랑을 보여주었다. 이웃에 대한 사랑이 드러난 것이다. 이웃에 대한 없던 사랑이 생긴 것이 아니라 몰랐던 사랑이 나타난 것이다.

등대지기는 이제 거의 사라져가는 직업이다. 외로움에 대한 조사를 하다가 등대지기와 인터뷰를 한 적이 있다. 외로움의 극치를 달리는 직업으로 딱이라고 생각했다. 그는 등대에서는 휴대폰도 잘 안 터지고 사람들이 드나들지도 않으니 오직 책 읽는 일 말고는 할 일이 없다고 했다. 내가 인터뷰한 등대지기는 한 달에 책을 130권까지도 읽어봤다고 했다. 사람들에게서 귀 따갑게 받는 질문은 한결같단다. "그 외로운 날들을 도대체 어떻게 버티시나요?" 그는 단 한 마디로 명쾌하게 대답했다.

"그럼 당신은 그렇게 정신 사납고 소란한 도시에서 외롭지 않습니까?"

맞는 말이네. 그가 비정상이 아니라 우리가 비정상일 수도 있는 건데….

시골 사람과 도시 사람 1,000명을 대상으로 외로움의 정도를 조사했더니 놀랍게도 시골 사람보다 도시 사람이 80%나 외로움을 더 느끼는 것으로 조사됐다. 충청도 시골 지역의 신협 직원 200명과 서울에서 근무하는 신협 직원 200명을 대상으로 외로움의 지수를 직접 조사해봤다. 시골보다 서울에서 근무하는 직원들이 외로움을 배나 더 느끼는 것으로 나타났다. 대도시에 사는 사람들이 느끼는 외로움은 타인에 대한 불신과 방어적인 태도, 자신의 사생활을 보호하려는 욕구에서 비롯된다. 스스로 이웃과 담을 쌓고 도시 속의 등대지기로 살기를 택한 것이다.

한국인의 97%는 도시에 산다. 시골에 사는 비율은 겨우 3%다. 역사상 유례없이 거미줄처럼 복잡한 인간관계로 맺어진 도시 생활을 하는 우리가 오히려 이렇게 벗이 없다고 느끼는 이유는 무엇일까? 답은 간단하다. 이런 상황을 가정해보자. 당신이 길을 걷고 있을 때 장문정이 다가가 "도를 아십니까?"라고 물으며 전단지를 건넨다. 당신은 경기를 일으키듯 손사래를 치며 종종걸음을 내뺄 것이다. 이번엔 같은 장문정이 다시 다가가 "실례지만 길 좀 여쭐게요. 강남역 가려면 어느 방향으로 가야 하나요?"라고 묻는다. 조금 전과 달리 이번에 당신은 걸음을 멈추고 친절하게 안내해줄 것이다. 말하자면 우리는 사람이 싫은 게 아니라 어떤 목적을 가지고 있느냐에 따라 태도가 달라지는 것이다.

이제 당신 주변에 있는 사람들을 둘러보라. 직장에서 일 때문에 만나고, 공부나 취업 정보를 얻기 위해 만나고, 자기계발을 위해 만나고, 같이 운동할 사람이 필요해서 만난다. 우리는 길에서 도를 묻는 사람을 피하지만 정작 실제로는 도를 묻는 사람과 다를 바 없이 누군가를 찾고 있다. 내가 무언가를 주기 위해 누군가를 만나는 것이 아니라 나를 위해, 나의 욕망을 충족시키기 위해 누군가를 찾고 있다. 그러니 이웃이 없는 것은 당연한 일일지도 모른다.

비타민이 부족하다고 당장 죽음에 이르지는 않는다. 하지만 생명에 지장을 주지 않는다고 해서 신경을 쓰지 않으면 서서히 영양 결핍을 초래하면서 몸에 크고 작은 문제를 일으킨다. 작고 사소한 만남, 아주 가까운 곳에 있는 이웃과의 교제도 비타민과 같다. 내가 원하는 물건을 사려면 그에 맞는 대가를 지불해야 하듯 관계를 맺기 위해서도 개인의 시간과 감정을 지불해야 한다. 그것을 소모라고 여긴다면 관계는 한 걸음도 더 나아갈 수 없다.

올가 페도렌코라는 여성이 있다. 대학원 다닐 때 함께 공부했던 학우다. 러시아 사람인데 유럽에서 자랐고 한국에서 공부했고 현재 캐나다에 있다. 그런데 한국에서 이웃이 나보다 더 많아 보인다. 우선 모든 일에 적극적이다. 학교 행사, 학교 모임, 소소한 만남에도 안 빠지고 그렇게 얻은 이웃들을 참 잘 관리한다. 외국인인데도 한국에서 이웃들을 사귀는 노력을 보노라니 배우는 바가 많았다. 한국인인 우리에게 한국인 이웃이 없다는 말은 변명 같다. 지금부터라도 교제를 만들자.

당신은 내일 아침 출근길에 동네에서 마주칠 이웃에게 인사를 건넬 준비가 되어 있는가?

복도를 걷는 소리, 현관 앞에서 비밀번호 누르는 소리,
전화 통화 소리, 주차장에 자동차가 들고나는 소리,
꺼졌다 켜졌다 하는 전등, 창가에서 움직이는 어스름한 그림자….
이건 분명 이웃이 '살아 있다'는 증거다.

그런데 대체 '나의 이웃'은 다 어디로 사라져버린 걸까?

나와 남을 비교하면
100% 진다

상대성이론을 만든 아이슈타인보다 상대성이론을 쉽게 설명할 수 있는 이는 없을 것이다. 아이슈타인 왈, "사랑하는 여인과 키스를 하면 3분이 3초처럼 짧게 느껴지지만 난로에 손을 얹으면 3초가 3분처럼 길다." 정말 똑같은 사실도 어디에 대입하느냐에 따라 참 달라진다.

상대적이라는 말은 비참하다. 상대성이론에 따르면 우주에서 절대적인 것은 빛의 속도밖에 없고 나머지는 모두 상대적으로 왜곡되어 받아들여지기 때문이다. 질량도 시간도 상대적이기 때문에 왜곡된다. 인간관계도 상대적이라 왜곡된다. 인간에게는 다른 사람들과 함께 살아가기 때문에 겪어야만 하는 태생적 비극이 있다. 타인과 상대적으로 비교할 수밖에 없는 삶이다. 현대 사회에서 눈에 보이는 계급은 (일부 국가를 제외하면) 없다. 귀족도 천민도 없다. 하지만 학력(또는 학벌), 직급, 연봉, 성별 같은 기준들이 우리를 줄 세운다. 19살에는 수능 점수로 등급이 매겨지고, 20살 남자는 신체검사를 통해 몸의 등급이 매겨진다. 마치 한우에 등급을 매기듯 말이다. 이러한 등급은 열등을 낳고, 그 열등은 나와 남을 비교하게 만든다.

　나와 남을 비교하는 짓은 100% 지는 싸움이다. 나를 남과 비교할 때는 흔히 나의 단점과 남의 장점을 놓고 비교하기 때문이다. 비교할수록 나의 장점은 보지 못하고 남의 장점만 보게 된다. 다른 사람과 비교해서 자신의 가치를 정하면 끊임없는 불만족의 악순환에 빠진다. 어쩌면 우리의 삶은 세상과의 대결이 아닌 무능력에서 오는 불안감과의 투쟁인지도 모른다. 어느 정도 욕망이 충족되더라도 다른 사람과 비교하면 더 높은 수준의 욕망이 생긴다.

　경쟁심까지 없애라는 이야기는 아니다. 치열한 경쟁은 나를 위한 것만이 아니라 상대방을 위하는 일이기도 하다. 무작정 양보하는 건 나와 경쟁자 모두에게 못할 짓을 하는 것이다. 마라톤에서 좋은 기록을 내려면 최선을 다해야 한다. 내가 천천히 뛰면 같이 달리는 경쟁자의 기록도 떨어지고 둘 다 자멸하게 된다. 어릴 때부터 나는 구기 종목이 싫었다. 상대편의 공을 뺏으려는 경쟁심이 없고 심지어 공이 내 앞으로 굴러왔을 때조차도 상대편이 뺏으려고 달려들면 무서워서 그냥 쉽게 줘버리고 말았다. 이렇게 상대방의 사기까지 무너뜨리고 마니 그 경기가 재미있을 리가 없다. 그래선지 축구나 농구를 하면 편을 나눌 때 어느 팀도 나를 원하지 않았다. 경쟁심마저 없애는 것은 나와 상대방 모두에게 옳은 일이 아니다.

그러나 나를 남과 비교하는 순간 불행해진다. 가령 시어머니가 자기 며느리를 남의 며느리와 비교하려 한다면 잘해보려던 순수한 마음도 남과 비교하는 말 한 마디에 저항감으로 바뀌고 만다. 사실 우리는 그렇게도 당하고 싶지 않은 비교를 자기 자신에게도 하고 있다. 잘나가는 운동선수, 성공한 사업가, TV에 나오는 연예인은 물론 친구나 직장 동료들과도 자기 자신을 비교하고 있는 것이다. 자신의 자아를 여러 개로 쪼개어 여기 저기 대입해보는 짓이다.

남과 자신을 비교하는 버릇뿐 아니라 과거의 자신과 현재의 자신을 비교하는 버릇도 실패의 지름길이다. 국가대표 운동선수도 은퇴 후에는 예전의 기량을 발휘할 수 없다. 늘 "왕년에 내가 말이야"로 시작하는 못난 언어 습관은 없는가? 왕년에 당신은 힘도 넘쳤고 돈도 잘 벌었고 외모도 싱싱했다. 과거에 정상에 올랐던 자신을 현재의 초라한 자신과 비교하는 것도 지는 게임이다.

피아노 건반은 88개다. 겉으로 보기엔 똑같이 생긴 하얀 건반과 검은 건반 같지만 뚜껑을 열어보면 모든 건반이 제각기 다른 길이의 현과 닿아 있다. 그것들이 각자 다른 길이의 음표, 쉼표, 다양한 음악 부호로 조화를 이루어 음악이 된다. 모두 똑같은 길이와 높이로 소리를 낸다면 그것은 하모니가 아니라 소음이다. 지금 들리는 세상의 소음도 어쩌면 서로 다름을 무시하고 끝없이 비교의 대상을 찾는 데서 비롯된 것은 아닐까?

어렸을 때 하던 키 재기 놀이를 기억하는가? 어른이 되어 이제 더 이상 키 재기 놀이를 하지는 않지만 남의 학력, 재력, 재능과 자기 자신을 비교해보고 참담해한다. 그리고 그 참담함은 곧 외로움이 된다. 비교하는 자의 마음속에는 소음이 많다.

관점을 뒤집자. 평소에 가장 좋아하는 음악도 아침 알람 소리로 설정되면 세상에서 제일 고약한 소리로 변신한다. 똑같은 음악도 상황이나 분위기에 따라 행복이 될 수도 있고 반대로 애달픔이 될 수도 있다. 당신이 비교하는 상대도 어떻게 바라보느냐에 따라 정반대의 감정으로 바꿀 수 있다. 산행 중 내 앞에 나타난 뱀은 공포지만 땅꾼에겐 반가움이다. 당신은 어제 몇 시까지 일했나? 밤 10시까지 야근? 지겹다. 밤 10시까지 애인과 데이트? 행복하기 그지없다. 똑같은 시간도 어디서 누구와 함께했느냐에 따라 정반대로 느껴지듯 똑같은 월급도, 똑같은 처지도 반대로 생각해보는 훈련이 필요하다.

젊을 때 수화 봉사를 해서 시각 장애인들과 교류가 있었다. 후천적인 시각 장애와 달리 태어날 때부터 시각 장애를 가지고 태어난 사람이 있다. 그런 사람은 세상을 전혀 이해할 수 없을까? 놀랍게도 그들은 다양한 방법으로 정보를 입수해서 주변 사람과 사물, 일어나고 있는 일들을 인식한다. 한 시각 장애인은 "시력은 눈에 있는 것이 아니라 정신에 있는 것입니다."라고 말했다. 당신도 마음의 눈을 가지고 있는가? 마음의 눈은 육체의 눈과는 다른 관점으로 사물을 바라보고 상황을 꿰뚫어 볼 수 있게 한다. 가령 시각 장애인에게 그늘이란 햇빛이 없는 '어두운 곳'이 아니다. 햇볕의 따가움이 없는 '시원한 곳'으로 인식한다. 관점의 눈이 다르다.

똑같은 사물도 바라보는 관점에 따라 정반대로 만들어버릴 수 있다. 한 공장에서 나무로 구슬을 만들고 엮어서 팔찌를 만들었다. 이 팔찌는 성당에 가서는 묵주가 되었고 절에 가서는 염주가 되었다. 이 책도 당신의 관점에 따라 사람에게 돌아가기 위한 삶의 지침서가 될 수도 있고, 라면 냄비 받침이 될 수도 있다. (부디 냄비 받침으로 사용하지는 말아주시길.) 영어 속담에 신발이 없어서 불평하다가 발 없는 사람을 만났다는 말이 있다. 관점을 바꾸면 내 처지에 감사하게 된다.

우리 몸의 중심은 어딜까? 심장? 아니다. 아픈 곳이 중심이다. 머리가 아프면 머리가 중심이고 치아가 아프면 치아가 중심이다. 우리는 아픈 곳에만 집중하게 된다. 지금 당신의 중심은 당신의 아픈 곳이다.

누구를 부러워하면 상대적 박탈감 때문에 가슴이 아파오고, 그곳이 중심이 되니 중심부터 온몸으로 비참함이 번진다. 그러므로 내 중심을 지켜야 한다. 중심을 지키는 사람은 쉽게 상처받지 않는다. 주변에서 상처를 주려 해도 내가 받지 않으면 그만이니까. 중심을 지키면 그 누구도 부럽지 않게 된다. 내가 중심인데 언저리를 왜 비교하겠는가? 공자가 가장 아낀 제자 안회顔回는 누추한 집에서 거친 밥 한 덩이와 물 한 사발로 끼니를 때우면서도 남부러워하지 않으며 행복하고 만족스러운 삶을 살았다. 중심을 지키며 한평생을 산 그가 부럽다.

출발은 내 중심부터다. 내 중심에 자중심과 자존감이 꽉 차 있으면 남의 장점을 부러워하지도 않을뿐더러 더 나아가 오히려 칭찬도 해줄 수 있다. 불교 선승들 사이에 전해 내려오는 말 중에 '동정일여動靜一如'라는 말이 있다. 멈춰 있을 때든 돌아다닐 때든 늘 한결같이 행동하라는 말이다. 이것을 뛰어넘어 '몽중일여夢中一如'라는 말도 있다. 심지어 꿈속에서조차도 한결같아야 한다는 말이다. 언제나 내 중심을 한결같이 지켜야 한다.

관점을 뒤집자.

평소에 가장 좋아하는 음악도 아침 알람 소리로 설정되면
세상에서 제일 고약한 소리로 변신한다.
똑같은 음악도 상황이나 분위기에 따라
행복이 될 수도 있고 반대로 애달픔이 될 수도 있다.
당신이 비교하는 상대도 어떻게 바라보느냐에 따라
정반대의 감정으로 바꿀 수 있다.

시간s 낭비N 서비스s
전성시대

라디오는 사용자가 5000만 명이 되기까지 무려 38년이 걸렸다. 텔레비전의 경우는 13년 걸렸다. 인터넷은 4년 걸렸다. 페이스북은 단 1년 동안 2억 명 이상 가입시켰다. 페이스북은 2004년 100만 가입자에서 단 10여 년 만인 2015년 6월 가입자 14억 명을 가볍게 돌파했다. 지난 2012년 〈타임〉은 이렇게 논평했다. "페이스북이 국가라면 중국과 인도에 이어 세 번째로 인구가 많은 나라일 것이다." 페이스북이 세계에서 가장 인구가 많은 국가가 될 날도 얼마 남지 않았다. 소셜 미디어는 일상이다. 하지만 나는 거부할 수 없는 일상이 되어버린 소셜 미디어 시대를 조금 삐딱하게 보고 싶었다.

KB국민은행 직원들과 신성대학교 학생 350명에게 왜 소셜 미디어를 이용하는지 물어봤다.

소셜 네트워크를 이용하는 이유

- 편리하기 때문에 글과 사진 한 번만 남기면 내 주변 사람들에게 나의 근황을 쉽게 알릴 수 있고, 그들의 근황 역시 알기 쉬우며 유대감을 쉽게 유지해나갈 수 있다.
- 주변의 압력 때문에 페이스북이나 트위터를 안 하면 나만 왕따가 되는 것 같고 친구들이 자꾸 친구 맺자고 신청해온다.
- 대중 매체의 영향 때문에 대중 매체는 끊임없이 정보 불안증을 불러일으킨다. 정보에서 단절될 경우 나만 도태된다는 생각을 만들어 수시로 접속하게 만든다.
- 학업 때문에 학교 선생님들도 소셜 미디어로 시험 날짜를 공지하거나 게시판에 질문과 자료를 올리게 한다.
- 직업 때문에 일자리 찾거나 업무를 위해 반드시 필요해졌다.

페이스북을 만든 목적을 주커버그는 "세상을 공개적이고 투명하며 사람들이 서로 연결되어 있는 곳으로 만드는 것"이라고 밝혔다. 여기서부터 오류가 있다. 페이스북은 모든 우정은 동등하다는 전제 하에 그 모든 우정을 투명하게 공개한다. 하지만 모든 관계는 각각 저마다의

층위를 지니고 질의 차이가 있으며 하나하나가 다르다. 가족사까지 알고 지내는 우정이 있는가 하면 단지 이름과 직함만 아는 우정도 있다. 게다가 다양한 만큼 변하기도 한다. 모든 사람과 똑같은 수준의 관계를 유지하려다 보면 교류하기 위한 연료는 금방 바닥을 드러내고 결국 디지털 세상에서 맺은 관계는 질이 떨어질 수밖에 없다.

당신의 모습을 잠깐 돌이켜보라. 친구들과 만나 카페에 갔다. 오랜만에 만난 친구들과 마주앉아 있는데도 매 순간 당신은 소셜 미디어가 맺어준 관계에 우정 연료를 공급하느라 휴대폰에서 눈을 못 떼고 있지 않은가? 그렇다면 다시 묻겠다. 당신이 공을 들이고 그렇게 시간을 쏟는 소셜 미디어가 과연 가치 있다고 생각하는가? 아마 그렇다고 선뜻 답하기 어려울 것이다.

이런 생각에 빠져본 적 있나? '난 왜 늘 혼자일까?' '주말이면 세상 모든 사람들은 다 즐거운 시간을 보내는데 난 왜 늘 혼자일까?' '페북과 카톡 사진을 보면 지인들은 온통 즐거운 곳에서 행복해 보이기만 한데 어쩌다 나는 이 모양일까?' 다음 조사 결과가 위로가 되면 좋겠다. 나는 웅진씽크빅 직원 300명에게 페이스북, 트위터, 블로그, 카톡에 올리는 사진이 실제 자신의 일상을 정확하게 반영하는지 물었다. 73%가 '포장된 가식적 모습이다.'라고 답했다.

흥미로운 장소를 배경으로 찍은 사진이나 비싼 음식, 비싼 옷을 찍은 사진을 지속적으로 올리면서 허세를 부리는 사람들 때문에 왜 멀쩡하게 살고 있는 당신이 흔들려야 하는가? 페이스북이나 트위터 등 SNS를 어떻게 생각하는지 묻자 '시간(S) 낭비(N) 서비스(S)'라고 비꼬는 사람도 있었고, 어떤 사람은 '카페인 환자'('카'카오톡, '페'이스북, '인'스타그램을 안 하면 불안해 죽는 사람들)라고 비웃었다. SNS와 댓글은 하나같이 억눌린 자기감정을 토해놓은 수많은 하수구 같다.

소셜 미디어에 올리는 글과 사진은 과시용이 대부분이다. 그런 내용을 보는 사용자는 상대적 박탈감이나 질투심을 느낀다. 〈로스앤젤레스 타임스〉는 페이스북을 이용하는 여성 400명을 대상으로 한 조사 결과를 인용하면서 85%나 되는 사람들이 페이스북 친구들이 올린 포스팅 때문에 짜증을 낸다고 썼다. 다른 사람이 올린 고급 레스토랑의 근사한 음식 사진을 보면서 신세 한탄할 이유 전혀 없다. 그도 어쩌다 한 번 가본 것이다. 기만적 소셜에 흔들리지 마라.

사람들은 자신이 온라인상에 올려놓은 내용이 개방된 공간에 있다는 점을 종종 잊어버리는 경향이 있다. 여기에 소셜 미디어의 또 다른 위험성이 있다. 자신의 최근 소식을 '친구'만 볼 수 있게 설정해놓아도 그 친구들이 당신의 게시물을 유포하는 것은 시간문제다. 소셜 미디어에 올린 게시물은 온 천하에 공개된 정보로 봐야 한다.

돈 탭스코트Don Tapscott는 《디지털 네이티브》에서 "소셜 네트워크에 게시물을 잘못 올린 것이 화근이 되어 직장을 잃거나 채용 시험에서 탈락한 사람이 상당히 많다."라고 지적한다. 소셜 미디어에 사진이나 글 한 번만 잘못 올려도 자기 평판에 먹칠을 할 수 있다는 걸 모르는 사람이 너무나 많다. 나도 면접 서류를 검토할 때 지원자들의 페이스북과 블로그부터 조사한다. 더구나 인터넷은 온통 자신의 신분을 숨기는 사람들로 가득 찬 곳이다. 진정한 친구란 자신을 감추지 않는 법이다. 소셜이 위험하다.

과연 소셜 미디어로 인간관계가 넓어질까? 반대로 사생활이 원치 않게 퍼져나간다는 점은 보이지 않는가? 가령 당신이 많은 현금을 갖고 있다면 지나다니는 사람들 누구나 볼 수 있게 돈다발을 들고 거리를 휘젓고 다니지는 않을 것이다. 개인 정보는 돈만큼이나 중요하다. 다음에 열거한 항목 중 낯선 사람에게 보여주고 싶지 않은 것을 체크해보라.

☐ 집 주소

☐ 이메일 주소

☐ 전화번호

☐ 다니는 학교와 졸업한 학교

□ 직장과 하는 일

□ 집에 아무도 없는 시간

□ 당신과 가족과 연인의 현재와 과거 사진

□ 당신의 생각에 대한 흔적

□ 당신의 취미와 관심사

□ 당신의 소중한 물건들

어느 것 하나 공개하고 싶지 않은 것들이지만 이와 동시에 당신이 자신도 모르게 소셜 미디어에 적나라하게 노출시키고 있는 것들이기도 하다. 사이버 공간에 당신이 올린 정보는 결코 사라지지 않는다. 복사된 내용이 어딘가에 분명히 존재할 가능성도 높다. 미국의 디지털 미디어 전문가 그웬 쉬르긴 오키피Gwenn Schurgin O'Keeffe 박사는 《사이버 안전 Cybersafe》에서 "대형 웹사이트들은 보유하고 있는 정보를 따로 저장해 둔다. 엄밀히 말해, 일단 사이버 공간에 올린 정보는 결코 사라지지 않는다. 복사된 내용이 어딘가에 존재할 가능성이 높기 때문에 영구적으로 남아 있다고 봐야 한다."라고 말한다. 그러니 당신이 삭제 버튼을 눌렀다고 모든 것이 사라질 것이라고 여긴다면 너무나도 순진한 생각이다.

뉴스에서 누군가의 은밀한 사진이나 동영상이 유출되어 곤혹을 치르는 일을 요즘은 어렵지 않게 접할 수 있다. 내가 아무 생각 없이 남긴 작은 흔적 하나가 무수한 광클릭을 통해 복제되고 자발적 전송과 코멘트들의 데이터 배출로 한순간에 발가벗겨질 수 있다는 점을 반드시 기억하라. 많은 이들은 한때 심혈을 기울여 온라인상에 남겼던 글과 사진을, 이제는 그 흔적 좀 제발 없애달라며 디지털 장의사들에게 읍소하고 있다.

인터넷을 사용하는 건 자동차 운전과 비슷한 면이 있다. 운전면허 있다고 모두 책임감 있게 운전하는 건 아니다. 부주의나 태만으로 끔찍한 사고도 내곤 한다. 인터넷 사용자들도 마찬가지다. 난폭 운전처럼 난폭 유저들이 많다. 당신을 할퀴고 상처 줄 수 있다.

시간은 돈과 같다. 어떤 일에 써버리면 다른 일에는 못쓰게 된다. 시간은 낭비해버리기에는 아까운 매우 소중한 자산이다. 나도 페이스북을 닫았다. 어느 악성 시청자가 내 페이스북을 콜센터로 알고 사사건건 문의하고 따지고 들어서였다. 막상 계정을 닫고 나니 내가 얼마나 불필요한 곳에 시간과 정신을 몰두했는지 깨달았다. 홀가분한 기분이 들었다.

다음 질문에 대한 답을 보기에서 골라보라.

소셜 네트워크 사이트는 기본적으로

1. 사업이다.

2. 사교 클럽이다.

3. 여가 활동 수단이다.

정답은? 확실히 1번이다. 어느 모로 보나 소셜 네트워크는 사업이다. 그런 사이트들은 이익을 내기 위해 운영되며 광고를 주된 수단으로 사용한다. 광고주들은 웹사이트 가치를 판단할 때 가입자 수와 게시물의 조회 건수를 기준으로 삼는다. 따라서 당신이 사이트에서 오랜 시간을 보내면 보낼수록 소셜 네트워크 회사는 땡큐다. 그들의 이득만 높아진다. 당신의 소중한 시간을 탕진하고 사생활을 무너뜨리면서 그들의 배를 불려주고 있다는 것만 알라.

출근길 풍경이다. 현관문을 나서서 엘리베이터를 타면서부터 한 손에 스마트폰이 들려 있다. 카톡도 보내고 카메라 앱을 켜서 오늘 화장이 잘 되었는지도 확인한다. 페이스북에 들어가 '좋아요'도 주고받아야 한다. 버스나 지하철을 타서도 시선은 스마트폰에 고정되어 있다. 전혼을 다한 카톡질을 보자니 온몸의 양기가 양 엄지손가락 끝에 몰려 있는 것 같아 보인다. 전날 야구 경기 결과도 보고 한창 화제가 되고 있는 연예인 관련 뉴스도 알고 있어야 한다. 그래야 동료들과 대화할 때 한 마디라도 할 수 있으니까.

디지털 자족형 사람들은 온라인 세상에서만 끊임없이 관계를 맺으려 한다. 블로그, 카페, 카카오톡, 인스타그램, 페이스북 등 많은 소셜 네트워크를 거미줄처럼 쳐놓고 그 거미줄이 자신을 받쳐주는 안전망이라 생각한다. 이들은 쉴 새 없이 누군가와 뭔가를 주고받는다. 이렇게 온종일 스마트폰을 끼고 사는데도 사실 우리는 더 외롭다. 이유가 뭘까? 한 연구에서는 이유를 말한다. "인터넷을 사용하는 시간이 늘면서 사람과 사람이 직접 접촉하는 일이 오히려 적어지고 있다. 그러면서 사회적 고립이 심화되고 우울증에 걸릴 가능성이 높아지고 있다."

괴로움을 술로 푸는 사람들이 있다. 하지만 찾아오는 건 숙취뿐. 괴로운 현실은 여전히 남는다. TV, 인터넷 게임, 채팅도 술과 같다. 그것들에 몰두할 때는 잠시 현실을 잊을 수 있지만 가상 세계를 접는 순간 한 치도 변하지 않은 현실이 다시 몰려온다. 외로움도 마찬가지다.

〈선데이 텔레그래프〉는 '차가운 커뮤니케이션Cold Communication'이라는 제목으로 "전자 기기들이 사람들을 점점 고립시키고 있다."라고 보도하기도 했다. 문자 메시지나 인터넷 채팅은 쉽고 빠르다. 반응도 즉각적이다. 만나서 밥 먹고 차 마시며 돈 쓰고 차비 들일 필요도 없다. 상대방이 얘기할 때 귀 기울여 들어줘야 하는 정성도 필요 없다. 그러다 보니 온라인 세상이 더 편하고 사람을 직접 만나기 위한 노력을 덜 기울이게 된다. 디지털 나르시시즘에 빠진 것이다. 현대인의 치명적 디지털 늪이다.

나이가 들면 심장도 늙는다. 누구를 만나서 가슴 뛰는 설렘이 줄어든다. 싱글로 사는 동부그룹 중견 사원 50명을 대상으로 왜 현재 연인이 없다고 생각하는가 물었다. '귀찮아서'가 31%였다. 10명에 3명은 사람을 만나는 것조차 귀찮은 것이다. 스마트폰만 열어도 온 세상이 나를 반기고 즉각 화답해주는데 굳이 누구를 직접 만나 돈 쓰고 이야기 들어주고 배려하며 맞춰주고 싶지 않은 거다.

하지만 빨라진 온라인 세상이 밀고 들어올 때 쫓겨나는 추억들을 생각해보라. 과거 필름 카메라를 쓰던 시절에는 셔터를 누를 때마다 낯선 길을 내딛는 심정처럼 조심스럽고 신중했다. 필름 값을 걱정하지 않아도 되는 지금은 고민 없이 찍고 동의 없이 타인을 담아내며 무수히 많은 이미지를 만들어 타인에게도 불쑥 보낸다. 조심스러움이 느껴지지 않는다. 필름 값은 아꼈지만 감성은 무뎌지고 추억을 소중히 여기지 못하는 더 큰 대가를 치르고 있다. 차가운 스마트폰과 PC로는 따뜻한 온정을 나눌 수 없기에 우리는 외롭다. 말라 죽는 식물처럼 감성이 고사되고 있다.

우리에게 진정 필요한 것이 무엇인지, 어느새 잊힌 감성은 없는지 생각해봐야 한다. 그건 애정이 담뿍 담긴 눈빛, 온기 있는 손의 감촉, 가슴과 가슴의 공유, 친밀한 분위기, 나를 행복하게 만들어주는 거짓 없는 함박미소가 아닐까?

디지털 자족형 사람들은 온라인 세상에서만
끊임없이 관계를 맺으려 한다.
블로그, 카페, 카카오톡, 인스타그램, 페이스북 등
많은 소셜 네트워크를 거미줄처럼 쳐놓고
그 거미줄이 자신을 받쳐주는 안전망이라 생각한다.
쉴 새 없이 누군가와 뭔가를 주고받는다.

이렇게 온종일 스마트폰을 끼고 사는데도
사실 우리는 더 외롭다.

공회전하고 있는
삶의 시동을 꺼라

로봇robot이라는 단어는 1920년 체코의 작가 카렐 차페크Karel Capek의 〈R.U.R.(Rossum's Universal Robots)〉라는 희곡에서 처음 등장했다. 로봇은 체코어로 강제 노동과 노동자의 합성어다. 로봇이란 사람을 대신해서 강제적으로 노동을 하는 노동 기계를 말한다. 로봇에게는 휴식이 필요 없다. 불행하게도 현대 사회에서는 사람이 로봇이다. 쉬지 않고 일만 하는 노동 기계들.

"쉬어라", "내려놓아라"라고 외치는 서점에 깔린 수많은 힐링 책들엔 재미난 공통점이 있다. 겉으로는 휴식이나 휴休테크를 가르치지만 정작 책을 읽는 독자들에게는 끊임없이 뭔가를 요구하고 있다는 것이다. "쉬어라", "내려놓아라", "자신을 사랑해라…" 그것도 강요다. 말랑

말랑한 포장지 속에 감춰진 강요에 의한 휴식은 그저 더 많은 노동을 위해서 잠시 쉬는 시간일 뿐이다. 내게는 이런 풍경이 거짓된 꿈과 사회 시스템에 적응하라는 것으로밖에 보이지 않는다. '2보 전진을 위한 1보 후퇴'는 결과적으로 전진하라는 말이니까. 한국이 왜 '피로사회'인지 나는 여기서 답을 찾을 수 있다고 본다. 당신 생각은 어떤가?

솔직하게 얘기해보자. 한국은 쉴 때조차도 죄책감을 느끼는 나라다. 직장인들은 주어진 정당한 휴가를 제대로 다 쓰지도 못한다. 나를 억지로라도 쉬게 해주는 건 어쩌다 한 번씩 찾아오는 감기 몸살과 집안 경조사뿐이다.

한국의 직장인 휴가 사용률은 전 세계 꼴찌다. 2012년 온라인 여행사 익스피디아가 전 세계 주요 22개국 직장인 8,687명을 대상으로 유급 휴가에 관해 국제 비교 설문 조사를 실시한 적이 있다. 이 결과에 따르면 한국 직장인의 연간 유급 휴가 일수는 평균 10일로 22개국 중 가장 적었고, 개인이 실제로 사용한 휴가 일수도 평균 7일로 가장 낮았다. 회사도 휴가에 인색하고 본인도 휴가에 인색하다. 프랑스, 영국 등 10개 국가 직장인들은 주어진 휴가를 100% 사용한다. 대만은 120% 휴가 사용률을 보였다. 이탈리아는 휴가 일수가 한국의 3배였다.

한국인이 휴가를 못 쓰는 이유? 한국 직장인 열에 일곱은 업무 때문이라고 답했다. 한국에서 근로기준법으로 보장된 공식 휴일은 17일이다. 1년 중 겨우 2주 남짓인데 그마저도 다 못 쓴다. 못 쓴 휴가를 돈으로 돌려주는 나라는 아마 한국뿐일 것이다. 쉬는 시간마저 돈으로 바꾸고 있는 한국의 노동자들. 심지어 한 아나운서는 휴가를 너무 못쓰니까 차라리 다른 사람에게 돈 받고 팔았으면 좋겠다고 말했다.

돈 벌 때 살아 있음을 느끼는 게 아니라 나만의 휴식과 여가를 즐길 때 진정 살아 있음을 느낀다. 허나 한국인은 그런 여가에 돈도 안 쓴다. 평균 한 달에 13만 원 정도 쓰는 게 전부다. 게다가 사람의 생체 리듬은 밤이 되면 쉬어야 정상인데 한국의 전체 노동자 5명 중 1명은 깊은 밤을 꼬박 새우며 일한다.

그러니 하나같이 만성 피로에 시달린다. 한 보험회사의 대리는 점심 먹고 화장실 변기에 앉아 뒤에 매달려 있는 물통에 머리를 기댄 채 낮잠을 잔다고 말했다. 눈치 보지 않아도 되는 나만의 쉼터를 발견했다며 자랑스러워했다. 그런데 그의 표정은 어두웠다. 한 대기업 부장은 이렇게 말했다.

"직장에서도 집에서도 온종일 시달리다 보면 정작 쉴 때가 돼도 항상 초조해요. 뭘 더 해야 할 것 같고…."

퇴근할 때 컴퓨터를 꺼도 내 머릿속은 로그아웃이 안 된다.

취업 포털 사이트 잡코리아가 직장인 942명을 대상으로 조사한 결과 출근만 하면 우울해진다는 직장인이 10명 중 8명이었다. 이렇게 죽도록 일하는 이유가 무엇인지 잘 생각해봐야 한다. 결국 행복하려고 이렇게 발악하는 거 아닌가? 하지만 역설적이게도 G20 국가 중 한국은 행복 순위가 19위로 꼴찌. 쉼 없는 삶과 행복은 시소의 반대편에 놓여 있음을 보여준다.

많은 사람들의 생각과 달리 쇼호스트란 직업은 사실 매출과 상관없는 사람들이다. 많이 판다고 월급이 오르거나 인센티브나 보너스가 있는 것도 아니고, 반대로 매출이 나쁘다고 인사고과가 깎이거나 불이익이 있는 것도 아니다. 매출 스트레스를 안 받는 직업이다. 그런데도 사람들은 쇼호스트가 받는 매출 스트레스가 엄청날 것이라고 착각한다.

왜 그럴까? 세일즈라는 직업군 자체가 그렇기 때문일 것이다. 아마 쇼호스트들도 매출에 따라 등수를 매기면 여기저기 채널에서 고함지르고 강매하느라 어이없는 방송 사고가 속출하리라. 물론 지금도 그러고는 있지만.

직장은 언제 해고돼서 해골 될까 생각하게 만드는 두려움의 원천이다. 월급 통장에 숫자만 찍히고 금세 빠져나가는 걸 보면 물이 고였다 빠지는 저수지 같다. 월급 통장에 찍힌 숫자의 돈? 우리는 만져본 적이 없다. 만져본 적도 없고 앞으로도 만져볼 수 없는 상상 속의 돈을 쫓아 당신은 오늘도 뛴다.

예전에는 이틀 걸릴 부산 출장을 KTX가 생긴 뒤부터는 하루에 다녀올 수 있게 되었다. 하루를 벌었으니 회사에서는 대신 내일 다른 곳에 출장을 보낸다. 세상이 편하고 빨라졌지만 쉴 수 있는 시간은 점점 사라지고 있다. 밥벌이의 고단함을 이고 지고 먹고사니즘에 허덕이다가 집에 올 때면 언제나 물 먹은 솜처럼 몸이 무겁다. 회사에선 돌쇠처럼 일하고 집에 돌아오면 가족에겐 유기견 취급을 받는다. 그렇게 스트레스만 받으니 건강만 상한다. 미국 스트레스 연구소에서 실시한 연구에 따르면 1차 진료를 받는 모든 경우 중 75~90%까지는 스트레스와 관련된 문제가 원인일 것으로 추정한다.

미국 심리학 협회에서 발행한 자료를 보면 스트레스란 바이올린 현의 장력과도 같다고 설명한다. 줄이 너무 느슨하면 소리가 둔탁해지고 너무 팽팽하면 날카로워지다가 끊어질 수도 있다. 스트레스는 너무 없으면 삶이 지루해지고 너무 강하면 불안과 압박감을 준다. 하지만 일반적인 정서에서 '적당한' 스트레스라는 게 있기는 할까?

우리의 신체 활력은 자동차 연료와 같다. 다 쓰면 충전이 필요하다. 그런데 바쁜 현대 생활은 우리의 시간과 활력을 소진시켜버린다. 충전은 없고 끝없이 방전만 시킨다. 그러니 탈진 상태로 살아갈 수밖에. 마치 영혼 없는 좀비처럼 분명 움직이고 있는데 그 속은 비어 있다.

1970년대 미국의 정신분석학자 허버트 프로이덴버거Herbert Freudenberger
는 간호사처럼 남을 돌보는 직업을 가진 사람들을 관찰하다가 번아웃
신드롬burnout syndrome(탈진 증후군)이란 용어를 사용했다.[3] 번아웃의 사
전적 의미는 연료가 다 타서 소모돼버린 것을 말하는데, 심리학 용어로
처음 사용되었을 때 '한 가지 일에만 몰두하던 사람이 신체적, 정신적
피로감으로 인해 무기력증, 자기혐오, 직무 거부 등에 빠지는 증상'이
라는 의미로 쓰였다. 육체 에너지는 소진되면 음식과 휴식을 통해 충전
된다. 하지만 마음과 정신의 에너지는 방전되고 나면 틀림없이 무기력
이 몰아닥친다. 의욕이 상실되었기 때문이다. 한 조사에 따르면 하루
평균 10.5시간을 일하는 우리나라 직장인의 약 85% 가량이 번아웃 증
후군이다. 번아웃 증후군은 수면장애, 우울증, 인지능력 저하와 같은 부
작용까지 유발한다.

쇼호스트로 일할 때 한 달에 평균 하루 정도 쉬었다. 스케줄 표를 보
니 1월부터 6월말까지 반년 동안 딱 6일 쉬었다. 반년 동안 일주일을
못 쉰 셈이다. 주당 10여 개의 방송과 그 곱절만큼의 미팅들, 기업 강
의, 각종 프레젠테이션, 여기 저기 써줘야 할 칼럼 원고 등…. 정말 바
빴다. 그 와중에 또 한 번 대학원을 졸업했고, 마케팅 책을 2권 출간했
다. 일주일에 두세 번은 새벽 4시에 출근했다. 늘 집에는 자정이 넘어

서야 들어왔다. 나를 반기는 건 아파트의 빈 공기와 어둠뿐. 편안히 집에서 저녁을 먹고 9시 뉴스를 보는 게 소원이었다.

놀지 않았다. 아니, 노는 법을 몰랐다. 어디서 뭘 하고 놀아야 노는 건지 몰랐다. 그렇게 바쁜데도 외로움은 늘 곁을 맴돌았다. 과감히 사표를 썼다. 갑자기 시간이 많아졌다. 처음 맛 본 저녁이 있는 삶은 달콤했다. 찌개를 끓여놓고 창밖 풍경을 바라보며 저녁을 먹고 저녁 뉴스를 즐겼다. 새로운 에너지가 들어찼다.

화물을 가득 실은 열차는 제동을 건 후에도 2km를 더 미끄러진 뒤에야 멈춘다. 초대형 유조선은 엔진을 끄고도 8km를 더 항진한 뒤에야 멈춘다. 당신도 이와 마찬가지다. 당장 쉬라고 해도 쉴 수 없다. 그동안 달려온 관성이 있기 때문이다. 한동안 더 달릴 수밖에 없다 해도 서서히 속도를 줄여나갈 수는 있다. 우리의 목표는 "요즘 바쁘시죠?"라는 말에 "아뇨. 나 완전 한가해요."라고 말할 수 있을 때까지 속도를 천천히 줄여나가는 것이다.

한국인에게 '한가하다'라는 단어에는 한심함이 숨어 있다. 수치심도 숨어 있다. 죄의식도 숨어 있다. 우린 한가하면 안 된다. 녹슨 재봉틀을 아무리 돌려도 언제 그랬냐는 듯 등 뒤에 한 무더기의 일감이 다시 쌓여 있는 게 우리의 삶이다. 사회는 달리라고 채찍질한다. 정신없이 우리를 휘갈겨댄다. 피를 토할 정도로 최선을 다하는 게 이 시대의 미덕이라고 한다. 한국의 몇 개 기업을 미국인 프레젠터와 함께 방문한 후 가장 인상 깊은 것이 무엇이었냐고 묻자 '직원 화장실마다 볼일 볼 때 읽으라고 눈앞에 적어 놓은 메시지'를 꼽았다. 인간의 가장 은밀하고 사적인 공간과 시간조차 간섭하고 세뇌시키며 쉬지 못하게 하는 CEO의 메시지 말이다. 한낱 고철 덩어리에 불과한 자동차도 생애의 80%는 시동을 끄고 키를 뽑아둔다. 우리는 일이 끝나도 정신과 영혼과 마음과 몸의 시동이 24시간 늘 걸려 있는 공회전 같은 인생을 살고 있다.

"한 줌의 휴식이 두 줌의 수고와 바람을 쫓아다니는 것보다 낫다."라고 솔로몬 왕은 말했다. 그대의 삶에 여백을 만들어라. 공회전하고 있는 시간이 있다면 지금 당장 시동을 꺼라. 삶의 여백을 빽빽이 다 채우려 애쓴들 정력과 에너지라는 물감 값만 더 들어갈 뿐이다. 우리의 삶을 모시적삼처럼 헐렁하고 넉넉하게 비워두는 정신의 기능이 필요한 때다.

당신의 머릿속에 살고 있는
허풍선이

'척'이란 말을 사전에서 찾아보면 "그럴듯하게 꾸미는 거짓 태도나 모양"이라고 정의 내린다. 있는 척, 가진 척, 아는 척하는 세태. 나는 이것을 '척 문화'라고 정의한다.

내 회사에 한국인 직원을 새로 뽑았는데 유난히 영어 발음을 쓸데없이 굴리면서 말하는 습관을 가지고 있었다. 한번은 아침 미팅 때 회의에 참석한 미국인들이 다들 픗 하고 웃은 일이 있다. 원어민이 문장 중에 애도하다(모닝mourning)라고 말한 것을 아침인사(모닝morning)로 잘못 알아듣고 본인도 굿모닝이라 답하는 바람에 망신을 당하더라. 그러면서 혀 굴리고 다니기는.

더 예전의 일이다. 패션을 담당할 신입 쇼호스트가 입사했다. 내가 멘토여서 그녀가 패션 방송을 진행하는 동안 사무실에서 모니터를 해주곤 했다. 그런데 순간 "응? 뭐?"라고 내 귀를 의심하게 만드는 소리가 들렸다.

"자 고객 여러분, 지금까지 옐로 컬러를 보셨습니다. 다음으로 '아더 컬러'를 보시겠습니다."

아더 컬러? 아더 컬러는 어떤 색이지? 나는 순간 당황했다. 그녀는 "다른 색깔other color을 보시겠습니다."라고 말하면 될 것을 굳이 '아더 컬러'라고 말한 것이다. 참으로 유식이 운동장에서 공을 차고 무식이 벤치에서 쉬는 격이다.

어려운 말을 써야 있어 보이는 줄 안다. 신입 시절 오렌지 방송을 하는데 내가 오늘 가격이 '싸다'고 했더니 공중파 앵커 출신 여자 쇼호스트가 격 떨어지는 단어를 쓴다고 혼자 중얼거렸다. 그러더니 본인은 "이런 저렴한 느낌을 여러분도 한껏 느껴가셨으면 좋겠습니다."라고 멘트한다. 그럼 님은 집에서 똥을 변님이라고 부르시나요?

진공청소기 방송을 했다. 무대 세트는 실내 분위기. 청소기 사용법을 연출하려면 당연히 실내화를 신고 진행해야 한다. 그런데 이를 어쩐다. 여자 쇼호스트가 나를 빵 터지게 했다. 절대 하이힐을 못 벗는 거다. 결국엔 하이힐을 신은 채로 실내화에 발을 구겨 넣는 가관을 연출했다.

한국능률협회가 주관하여 서울 삼성동의 한 호텔에서 CEO와 임원 1,300명을 대상으로 강의를 한 적이 있다. 국내 대기업의 웬만한 임원들은 다 참석한 것 같았다. 강의가 끝나고 담당자가 주차장까지 나를 배웅했다. 나의 낡고 작은 중고차 앞에서 그가 물었다. "선생님 차는 어디에 있으신가요?" 나는 바로 앞에 있는 차를 가리키며 "이건데요."라고 대답했다. 담당자는 '강연도 많이 하고 회사 운영도 바쁘게 하는 사람이 당연히 비싼 차를 타야 하는 거 아닌가?'라고 묻는 듯한 표정으로 나를 쳐다봤다. 대기업 회장님, 사장님들의 '척 문화'가 그의 시각도 바꿔놓았던 걸까?

오정희의 단편 〈중국인 거리〉가 수능에 출제된 적이 있다. 총 6문제였다. 전국의 모든 수험생은 열심히 지문을 읽고 문제를 풀었다. 학원과 학교에서는 그 문제를 분석하면서 답을 찾는 과정을 알려주었을 테다. 그런데 그다음에 웃긴 일이 터졌다. 작가 오정희 씨가 직접 문제를 풀어보았지만 단 한 문제도 맞히지 못하고 다 틀린 것이다. 얼마나 웃긴 일인가? 해석과 의미는 누구에게 있는가?

우리는 그럴듯한 명칭 뒤에 숨고 명함 뒤에 숨어 있다. 한마디로 타이틀이 중요한 세상이다. 몇 해 전 내 음성 실험 논문이 신문 한 면 전체에 실린 적이 있었다. 시청자 600명을 대상으로 음성 실험을 한 논문이었다. 그런데 막상 경제면 한 면 전체에 내 논문만 싣기에는 부담이 됐는지 외국의 한 유명 교수의 비슷한 음성 실험 논문도 함께 실었다. 겨우 15명 대상으로 한 간단한 실험이었다. 그런데도 그 기사에서 내 실험은 들러리가 됐고 외국 교수의 이야기가 주가 됐다. 기사의 결론도 그 교수의 이야기로 매듭지었다. 결국 본질보다도 타이틀이 센 자가 패를 잡는구나 느꼈다.

장문정이라는 내 이름에도 언제나 타이틀이 따라다녔다. 직급이 올라가며 장문정 대리, 장문정 과장, 장문정 부장, 방송을 할 때는 어디를 가나 장문정 쇼호스트라고 불렸다. 십수 년을 대기업에서 생활하다가 내 회사를 차리니까 이제는 장문정 소장이라 불린다. 그러던 어느 날 졸업한 모교에서 강연을 한 뒤 고등학생들 앞에서 비로소 나의 못난 부면部面 하나를 발견했다. 나는 그냥 아저씨였다. 아이들의 시각에 맞춰 소속과 직급을 떼고는 나의 존재감을 설명하는 게 참으로 힘겨웠다. 그냥 인간 장문정으로 나 자신을 설명할 수는 없을까?

누구나 살다 보면 지위상의 변화를 겪는 절목이 있다. 특정한 지위를 획득하는 순간 하나의 주체였던 자아는 소멸되고 그 자리에 새로 부여된 지위가 들어앉는다. 명함을 받기 전에는 상대방 이름도 못 부르는 상황이 있었을 것이다. 이름 뒤에 지위를 붙여서 불러야 하니까. 우리는 명함 뒤에 숨어 있다.

척 문화 중 가장 치명적인 게 있다. 척을 척이 아닌 정말 사실인 줄 착각하고 살아가는 경우다. 18세기 러시아 군대의 장교였으며 튀르크 전쟁에서 공을 세웠던 실존 인물 뮌히하우젠 남작을 모델로 하여 쓴 《허풍선이 남작의 모험》이란 소설이 있다. 이 남작은 대포알을 타고 적진에 갔다가 다시 대포알을 타고 돌아왔다는 둥 말도 안 되는 허풍을 떤다. 이런 허풍을 계속 늘어놓으면서도 "내 말은 진실이야!"라고 끝없이 강조한다.

왠지 익숙하지 않은가? 이런 사람들이 직장에도 꼭 있다. 끊임없이 거짓말을 하면서 그 거짓말에 스스로 도취되어 그게 진실인 줄 믿고 사는 병적 증상을 가진 사람들 말이다. 이건 병이다. 이 병을 리플리 증후군Ripley Syndrome이라 부른다. 자신이 말하는 허구를 진실이라고 스스로 믿으며 거짓된 말과 행동을 반복하는 인격 장애를 말한다.

리플리 증후군 환자들은 자신이 처한 환경보다 더 뛰어난 사람이 되고 싶어 하는 열망을 가지고 있다. 무한경쟁 사회에서 자신감을 잃고 허탈감과 열등감에 빠진 현대인의 질병이라는 분석도 있다. 마음속에 가득 들어찬 열등감과 궁핍함을 감추기 위해 과장해서 떠벌리는 것이다. 학벌, 직업 같은 조건이 남보다 부족하다고 느끼기 때문이다. 이들은 주목받고 싶어 하는 자기애적 성향도 강하다. 남들에게 뛰어난 사람으로 보이고 싶어 자꾸 거짓말이 늘고, 그러다 보니 언젠가 들통 날까

봐 두려워하는 '가면 증후군'도 보태진다. 유명famous뿐 아니라 악명 notorious이라도 그게 관심이라면 물불 가리지 않고 주목 받으려고 한다. 결국 사람들이 모두 떠나고 외톨이가 될 수밖에.

회사가 날로 번창해서 직원 채용을 종종 한다. 입사 지원서의 자기소개서를 읽다 보면 영화 대본으로 써도 되겠다 싶다. 어찌나 특별한 경험들을 하셨는지. 기업이 자꾸 특별한 뭔가를 요구하니 청춘들이 인생 시작부터 소설을 쓴다. 그렇게 면접 다니다 보면 어느 순간부터 본인도 그 자소서가 진짜처럼 느껴진다. 이 정도는 경증이다.

생방송을 함께 진행하는 게스트가 있었다. 미팅 때 처음 만나 인사를 나누는데 내가 "뭐하시다가 게스트를 하시게 되었냐"고 묻자 그는 카이스트 교수라고 답했다. 그런데 시간이 지날수록 뭔가 이상하다. 마침 나와 전공이 비슷한 듯하여 세부 전공을 깊게 물으니 우물쭈물한다. 논문 주제를 물으니 버벅댄다. 점점 더 이상하다 싶었다. 국회도서관에서 그의 이름으로 된 논문을 검색해보니 없다. 미국 대학을 나왔다고 한다. 그런데 마침 내가 아는 곳이다. 그래서 이것저것 구체적으로 묻자 또 얼버무린다. 아내가 의사라고 했다가 나중에는 제약회사에 다닌다고 한다. 뭐 하나 진실한 것이 없었다. 정작 문제는 본인이 그것을 진실이라 믿고 산다는 것이었다. 지금 이 책을 쓰면서 그의 이름을 다시 검색해봤더니 수년 동안 쇼호스트를 했다면서 공중파 인터뷰까지 한 장면이 뜬다. 이쯤 되면 중증이다.

영국의 작가 이언 레슬리Ian Leslie는 《타고난 거짓말쟁이들》에서 아이들은 언어를 배우는 시점부터 거짓말을 하기 시작한다고 주장한다. 문제는 어른이 되어서도 이 습관을 못 고친 채로 살게 되면 진실과 거짓의 경계가 자신도 모르게 무너져버려 거짓도 진실인 양 믿으며 살아가게 된다는 것이다. 이렇게 허풍과 거짓을 진실이라 강하게 믿고 사는 환자들이 주변에 의외로 많다. 이 글을 읽고 있는 당신은 어떤가? 설탕물은 아무리 노력해도 소금물로 바꿀 수 없다. 거짓말은 아무리 노력해도 진실이 되지 않는다.

프랑스의 철학자 몽테뉴는 "진실은 하나지만 거짓말에는 수많은 변종이 있다."라고 했다. 거짓말을 하나 던지면 그 거짓말이 낳는 수많은 변종들까지도 진실로 만들어야 하기 때문에 점점 더 피곤해지고 외로워진다. 당신은 어떤 '척'을 하고 있는가? 지금이라도 가면을 벗어라. 그동안 많이 답답하지 않았나?

아낌없이 벗어라. 아낌없이 돌려받는다.

마음의 문에는
바깥쪽 손잡이가 없다

봉사 활동을 하고 있다. 나름 정기적으로 한다.

함께 봉사 활동을 하는 분 중에 은퇴한 열쇠 수리공이 계신다. 한번은 그분과 차를 마시는데 흥미로운 말씀을 하신다. 열쇠 수리공들 사이에는 하수, 중수, 고수가 있는데 그 위에 초고수가 있으며 그 정도 실력이 되면 이 세상 모든 자물쇠는 다 연다는 것이다. 은행 금고를 비롯해서 말 그대로 못 여는 자물쇠가 없단다. 이분이 바로 그 초고수시다.

허. 신기하네. 그래서 재차 물어봤다.

"어르신, 그러면 어르신 정도의 실력이시면 이 세상에 못 여는 자물쇠는 단 하나도 존재하지 않는 건가요?"

잠깐 생각하시더니 대답하신다.

"아. 아니야. 나 같은 실력자도 못 여는 자물쇠가 딱 하나 있지."

"그게 뭔가요? 특수 자물쇠라도 있나요?"

수리공 어르신은 의외의 대답을 하셨다.

"아니, 이런 걸 못 열어. 안에서 잠그고 단추처럼 생긴 후크를 딸깍 눌러버리면 절대 밖에서 못 열어. 이 세상 그 어떤 열쇠쟁이도 못 열어."

안에서 후크를 누르면 그 아무리 간단한 자물쇠라도 밖에서 열 수 있는 방법은 제로란다.

맞다. 당신이 외롭거나 고독한 이유도 당신 안에 있음을 알아야 한다. 안에서 후크까지 눌러서 잠가버렸는데 밖에서 그 누가 어찌 열 수 있을까? 우리는 마음을 여는 것을 일상에서 여닫는 문에 비유하곤 한다. 그런데 마음에 달린 문에는 바깥쪽 손잡이가 달려 있지 않다. 오직 안에만 있다. 나 자신이 먼저 열지 않으면 밖에서는 절대로, 무슨 수를 써도 열 수가 없다. 마음속을 들여다보라.

진정으로 외로운 느낌은 외부에서 오는 것이 아니라 우리 내부에서 솟아난다. 외로움은 어떤 서글픈 일, 비참한 일, 속상한 일 때문에 시작될 수 있다. 그럴 때 방 안에 갇혀 있지 말고 손잡이를 돌려 먼저 문을 연다면 비참한 감정은 금세 줄어들 것이고 시간이 가면서 사라지기도 할 것이다. 우리를 괴롭힌 상실의 아픔도 누그러질 수 있다.

대부분의 동물은 동물원에 가둬둘 수 있다. 그게 안 되는 동물이 있다. 필리핀 안경원숭이다. 갇혀 살지 못한다. 가둬 두면 죽는다. 지성 없는 동물도 물리적으로 고립되면 죽듯이 사람도 그렇다. 그런데 물리적 고립보다 심각한 감정적 고립이라는 울타리 속에 사는 외톨이들이 있다.

세상에서 가장 예뻤던 여인이 있었다. 그녀의 이름은 그레타 가르보 Greta Garbo. 알다시피 그녀는 스웨덴 출신의 여배우로 영화 역사상 가장 유명 배우 중 한 명이었다. 그런 그녀도 36살이 넘자 자신의 미모가 시들어가는 것이 두려웠다. 늙고 추해지는 모습을 더 이상 팬들에게 보이고 싶지 않았다. 급기야 그녀는 집 밖으로 나가지 않는 극단적인 방법을 선택했다. 스스로 감옥을 만들고 그 안으로 들어간 다음 문을 잠그고 밖으로 열쇠를 던져버린 것이다. 파파라치의 카메라를 피하려고 항상 검은 커튼을 쳤다. 외출은 밤에만 했고 선글라스와 머플러로 얼굴을 가렸다. 결국 그녀는 뉴욕에 있는 아파트에서 50년을 혼자 숨어서 살다가 외롭게 죽었다. 충분히 사람을 만날 수 있었음에도 불구하고 스스로 고립된 경우다. 물리적 고립보다 무서운 감정적 고립이다.

이런 고립을 택하는 외톨이들은 '우리we'가 아닌 '우리cage'에 혼자 갇힌 채 감정 속에 숨어 산다. 타인과 대화할 기회가 적다 보니 말주변도 없다. 말을 꺼내기 전에 '이런 말을 해도 되나, 안 되나, 이 말을 하면 상처를 줄지도 모르는데 괜찮을까…' 망설이며 늘 자기 검열에 빠져 살다 보니 진심을 전달하지도 못한다. 늘 사람의 눈치를 보고 상대의 감정을 살핀다. 그러다가 상대가 조금만 싫은 내색을 해도 금방 위축된다. 쉽게 말한다고 그 안의 생각이 진중하지 못한 것도 아니고 가볍게 말한다고 그 생각까지 가벼운 것이 아니란 걸 모른다.

나도 이런 편이다. 중국집에 짜장면 한 그릇 주문하기가 미안해서 굳이 짬뽕까지 같이 배달시켜놓고 먹다 남긴다. 전화를 하면 계속 자기 이야기만 하는 사람들이 있다. 먼저 이만 끊자 하면 그가 상처 받을까 봐 한 시간이고 두 시간이고 전화기 부여잡고 들어준다. "No."라고 말하지 못하는 사람이다. 이게 한계가 오면 역으로 세상 전체에 대고 "No."를 선언한 뒤 굴로 들어가 산다. 관계가 주는 구속감보다 혼자 세상으로부터 표표히 떠나겠다는 생각, 참 위험하다.

고립형 외톨이들의 특징은 '어차피 혼자 왔다 혼자 가는 세상! 타인은 필요없다!'라는 자위적 생각을 갖고 있다.

새빨갛게 타고 있는 조개탄 무더기를 본 적이 있는가? 그 활활 타오르는 무더기 속에서 조개탄 하나를 꺼내 보면 어떻게 되는가? 그 조개탄의 열기는 차츰 식어버리고 만다. 그러나 그 조개탄을 무더기 속으로

도로 넣으면 다시 빨갛게 타오른다. 마찬가지로 사람도 오랫동안 감정적으로 고립되어 지내면 타오를 수 없다. 타오를 수 없다는 것은 건강할 수 없다는 말과 같다.

벗이 필요한 것은 당연한 일이다. 우리는 태어나면서부터 누군가의 도움을 받아 세상에 나왔다. 외롭다고 사람이 죽는 건 아니다. 하지만 고립은 사람을 죽이고도 남는다. 2004~2005년 미국에서 노화 연구를 위해 남녀 6,500명의 외로운 감정과 사회적 고립 정도를 조사하고 약 7년 뒤 생사 여부를 확인한 보고가 있다. 그 결과 외로움이라는 감정은 사망에 별 영향을 주지 않았다. 하지만 사회적으로 고립된 사람은 사망률이 26%나 됐다.

역설적이게도 외로움이란 일종의 바람직한 경고 신호다. 시장기는 지금 당신에게 밥이 필요하다고 경고해준다. 마찬가지로 외로움은 지금 당신에게 친구들과의 관계, 연인이나 가족과의 관계, 그 밖의 친밀한 관계 등의 필요성을 경고해준다. 외로움은 건전한 배고픔이다. 외로움은 건강한 시장기다. 우리에게 "사람이 결핍되었다."라며 마음이 보내는 자연스러운 신호다. 배가 고프면 영양가 있는 음식을 찾게 되듯, 외로움을 느끼면 푸근하고 좋은 사람을 찾게 된다. 또 음식이 배고픔을 없애주듯 좋은 사람은 외로움을 없애준다.

외로움은 누구나 느끼는 당연한 감정이다. 그런데 시간이 지나도 그 감정이 사라지지 않는다면 문제가 된다. 혹시 '세상에 외로운 건 나 혼자만이 아니니까.'라는 생각으로 자신을 애써 위로하려 하지는 않는가? 틀렸다. 미안하지만 그건 위로가 아니라 절망이다. 그건 당신의 감정에서 비롯된 태도에 뭔가 문제가 있다는 경고 신호다. 자기 주위에 보이지 않는 담을 쌓아놓고 뚫린 하늘만 바라보며 외롭다고 부르짖고 있는지도 모른다. 스스로 감옥에 들어가서 철장을 잠그고 그 열쇠를 밖으로 던져놓고서 홀로 되어 외롭다고 외치고 있는지도 모른다. 고립은 외로움이라는 총알의 방아쇠 역할을 하게 한다.

다시 강조하지만 고립형 외로움은 내면의 문제다. 당신의 외로움은 그 누구 때문도 아니다. 문제를 해결할 열쇠는 당신의 손에 있다. 사람에게 델 만큼 데여봐서 이제는 사람을 못 믿겠다고? 그래서 외로운 거라고? 아니다. 당신의 감정을 상하게 했던 사람도 용서할 수 있다. 당신을 실망시킨 사람도 이해할 수 있다. 여전히 당신에게 해결책이 있다.

외로움에 시달리는 사람은 대개 절망의 심연에서 자기 자신을 끌어올릴 만큼 충분히 기운을 내지 않는다. 그 정도로 분발할 의욕이, 의지가 없는 것이다. 기운을 내야 한다. 힘을 내시라! 지금 누군가에게 먼저 전화를 걸어라. 만나서 속을 터놓아라. 작은 친절을 베풀어라. 사소하고 작은 실천이 큰 변화를 가져와서 획기적인 계기를 만들어줄 수 있다. 그리고 하나 더. 그 사람의 고민도 많이 들어주자.

　그리하여 부디 감정적 고립의 감옥에서 무사히 탈출하시기를.

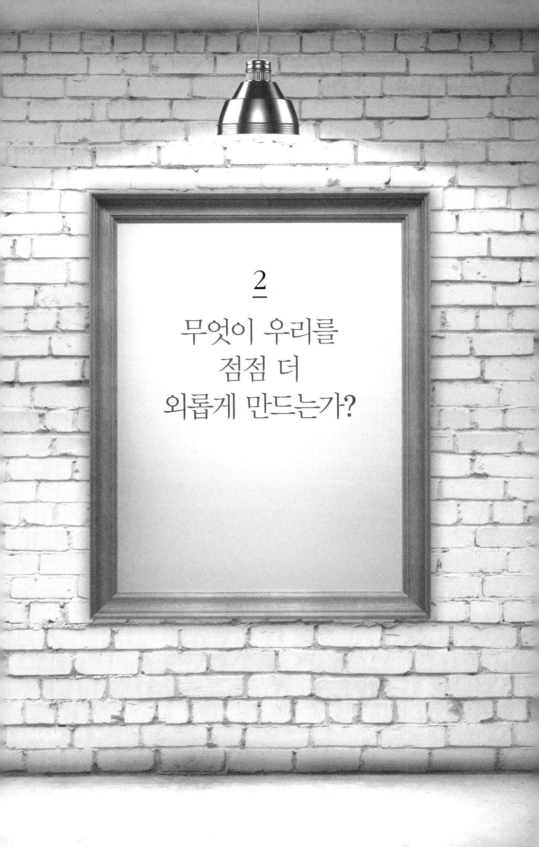

2
무엇이 우리를
점점 더
외롭게 만드는가?

"넌 할 수 있어!"
그래서 난 피곤해

TV 틀면 온통 오디션 프로그램이다. 심사위원들은 하나같이 탈락자들에게 말한다. "앞으로도 그 꿈을 포기하지 마세요." 눈물을 흘리며 돌아선 탈락자는 무대 뒤에서 "어떤 일이 있어도 결코 포기하지 않을 거예요."라며 이를 악문다. 오디션 프로그램뿐만이 아니다. "끝까지 꿈을 좇아라." "포기하지 마라." "넌 할 수 있다!" 청춘을 향한 응원의 말이 여기저기서 쏟아진다. 심사위원들의 진심을 의심하고 싶지는 않다. 하지만 나는 절대로 포기하지 말라는 주문이 탈락자의 인생에 그다지 도움이 되지 못할 것 같다는 생각이 든다. 좀 심하게 얘기하자면, 약이 아니라 독이 될 수도 있다는 것이다. 정말로 포기하지 않고 계속 도전하다가 청춘, 자산, 시간이라는 인생의 밑천 다 털리고 그 밖의 정상적인 기회까지 다 놓쳐서 더 큰 좌절과 고통을 맛보게 된다면 누가 책임질 텐가?

나도 방송가를 맴돌며 어떻게든 TV에 얼굴을 비치기 위해 노력하는 청춘들을 많이 봤다. 그 꿈만 좇다가 나이만 먹고 이것도 저것도 하지 못하게 되는 경우도 봤다. 지나친 기대는 오히려 마음을 병들게 한다. 간절히 바라면 결국 이루어진다고? 그런데 안 이루어지면? 그건 끈기가 아니라 미련이다. "넌 할 수 있어. 그러니 포기하지 마."라는 말을 쉽게 해서는 안 되는 이유가 바로 여기에 있다.

책임질 수 없는 응원의 말들이 청춘을 점점 골병들게 만들고 있다. TV에서 어떤 강사가 꿈을 높게 가지라고 한다. 욕심을 가지라고 한다. 채널을 돌려버렸다. 실현 가능한 꿈은 '노력의 동력'이 되지만 너무 막연하고 높은 추상적 꿈은 '허무한 망상'이 된다. 부질없는 야망은 자신의 한계를 인정하지 못하게 만든다. 현재의 삶과 자신이 처해 있는 환경에 만족하지 못하게 만든다. 응원의 말만 믿고 덤비면 좌절감은 더 클 수밖에 없다.

나라 전체가 "넌 할 수 있다."라는 말에 홀려 있다. '넌 할 수 있다'는 긍정적 격려가 오히려 우리를 피곤하게 만든다. 한계가 분명히 보이는데도 자꾸만 그 한계를 넘어설 수 있다는 격려와 자극으로 허황된 믿음을 심어주고 있다. 소위 말하는 '희망 고문'이다. 희망 고문은 점점 무거운 짐이 되어 우리의 어깨를 짓누른다.

긍정 과잉 사회의 이면에는 변함없이 성과지향주의가 있다. 브레이크 없이 꿈을 향해 달리는 청춘들의 고된 피로가 온몸으로 느껴진다.

물론 대충 살라거나 해보지도 않고 포기하란 말은 아니다. 일본의 사토리 세대(삶을 달관, 초월하여 반 포기 상태로 대충 벌면 벌고 안 벌면 안 쓰는 식으로 삶을 유유자적하게 살아가는 욕망 없는 젊은이 세대)가 되라는 것도 아니고 수도승처럼 살라는 말도 아니다. 소설가 박완서는 마흔 살에 문단에 데뷔해서 여든 살까지 쉼 없이 글밭을 일궜다. 2013년 일본에서는 75세 할머니가 신인 작가로 데뷔하여 아쿠타가와상 최고령 수상자가 되었다. 소박하고 성실하며 구체적인 꿈은 삶의 엔진이다.

지금도 어디선가 꿈을 이루기 위해 성실하게 노력하고 있는 이들이 있을 것이다. 나는 그들의 땀을 폄하하려는 게 아니다. 홈런왕 베이브 루스가 30년간 714개의 홈런을 칠 때 1,330번의 삼진아웃이 있었고, 농구 황제 마이클 조던도 9,000번의 실투와 300회의 패배가 있었다. 홈런 타자 이대호 선수도 타율이 3할 대가 안 된다. 1,000번 휘두르면 700번 이상은 헛스윙을 한다는 얘기다. 야구 선수가 헛스윙할 때 폼은 참 우스꽝스럽다. 그렇다고 홈런만 치려고 가만히 있으면 절대로 공을 칠 수 없다. 좋은 공이 들어올 때 방망이를 휘둘러야 한다. 노력하고 노력한다. 그들의 부단한 노력까지 깎아내릴 생각이 없다. 소망하는 바를 시도하지도 말고 노력조차 하지 말라는 말이 결코 아니다.

문제는 "너는 할 수 있어."라는 맹목적 격려와 계속되는 긍정적 응원이 사람을 너무나도 피곤하게 만든다는 점이다. 체념諦念은 결코 나쁜 용어가 아니다. 체념의 '체諦'는 불교에서 가장 근본적 교리이자 네 가지 진리를 말하는 사성제四聖諦에도 쓰인다. ('체'로도 읽고 '제'로도 읽는다.) 국어사전에도 체념은 '도리를 깨닫는 마음'이란 뜻으로 나와 있다. 즉, 이치를 깊이 생각하여 깨닫는다는 말이다. 체념은 자신의 한계를 깨닫고 미련을 버리며 현실을 받아들이는 매우 중요한 덕목이다. 포기란 때로 아름다운 미덕이다.

쇼호스트 경쟁률은 평균 1,000대 1이다. 냉정하게 얘기해보자. 꿈을 맛본 단 한 명과 좌절을 맛본 나머지 999명의 들러리들. 쇼호스트가 된 이들이 가끔씩 이 999명에 해당하는 예비 후배들에게 이렇게 말하는 걸 본 적이 있다.

"그래도 포기하지 말고 꿈을 좇아라."

무책임하지 않은가? 모두에게 같은 꿈을 꾸라고 언제까지 강요할 텐가? 무작정 1,000대 1의 용광로를 향해 돌진하라고 외치는 격이다.

비극의 시작은 이렇다. 쇼호스트 지망생들이 홈쇼핑을 보다가 이렇게 생각한다. '내가 해도 쟤보다는 잘하겠다.' 비극의 중간은 이렇다. 옆에 있던 가족이나 친구가 말한다. "네가 해도 저거보다는 잘하겠다." 비극의 완성은 이렇다. 거의 대부분의 방송 학원들은 지원자가 찾아오면 간단한 카메라 테스트를 한 다음 "충분히 가능성이 있군요. 조금만 우리 학원에서 훈련을 받으시면 꼭 합격할 겁니다."라고 유혹한다. 하지만 정작 그들이 훈련을 마치고 실제 면접장에 오면 면접관들은 한숨부터 내쉰다. "지구가 멸망해도 넌 안 돼."

나에게 조언을 해달라는 쇼호스트 지망생들이 있다. 그들의 귀에는 나의 비관적인 대답이 들릴 리 없다. 경쟁률이 1,000대 1이고 그 문을 통과한다 해도 살아남기 어렵다고 얘기해줘도 안 들린다. 지원 동기가 뭐냐? 다른 직업보다 좀 더 자유롭게 일하고 싶어서라고 한다. 그러면 나는 다음 주 스케줄도 모른 채 주말 밤낮없이 매여 있어야 하는 직업이라고 답해준다. 그래도 하겠단다. 지원 동기가 사라졌는데도. 돈을 많이 벌고 싶어서라고 한다. 연봉도 생각보다 적다고 답해준다. 그래도 하겠단다. 지원 동기가 사라졌는데도. 듣고 싶은 귀와 보고 싶은 눈만 가진 이들…. 듣고 싶은 말을 애초에 정해놓고 물어볼 거면 왜 물어봐?

다음 표를 보자.

성형	
돌이킬 수 없는 심각한 부작용을 야기할 수 있다.	현실
예뻐질 수 있다.	믿음

로또	
벼락 맞을 확률보다 낮은 800만 분의 1 당첨 확률이다.	현실
단숨에 부자가 될 수 있다.	믿음

당신은 현실과 믿음 중에 어느 쪽을 선택하겠는가? 사람은 현실과 믿음 중에 믿음을 좇는 성향이 강하다. 이것을 일종의 인지 부조화의 원리라고 한다. 위의 두 경우에서 당신에게 현실은 보이지 않는다. 어른과 사회가 만들어놓은 꿈 놀음에서 그토록 허덕이고 있는 게 결코 이해하지 못할 일은 아닌 듯하다.

성공을 위해 오늘도 꿈을 좇겠다고? 그렇다면 당신에게 성공의 기준은 무엇인가? 미국의 독립출판사 커피하우스 프레스CoffeeHouse Press의 대표 앨런 마크 콘블럼Allan Mark Kornblum은 출판인으로서 성공했다고 생각하느냐는 기자의 질문에 "성공의 정의가 뭐냐? 활판 인쇄의 아버지 구텐베르크도 파산했다. 그럼 그도 실패자인가?"라고 반문했다.

실패보다 더 나쁜 것이 있다. 거짓된 성공이다. 실패하면 바로잡고 개선하려고 노력이라도 한다. 실패하면 다음을 위한 교훈이라도 남는다. 거짓된 성공은 다르다. 계속 침몰하면서 중요한 것을 잃고 있는데도 자기가 성공하고 있다는 착각에 빠질 수 있다. 돌이킬 수 없는 지경에 이르러서야 변화가 필요하다고 깨닫지만 늦는다. 원하는 것을 얻은 뒤엔 무엇을 할 텐가? 그때부터는 지키려고 애쓰거나 더 높이 올라가려고 애쓸 테다. 그렇다. 스스로 목을 조르는 성공이다.

미국의 유명 카운슬러 톰 데넘Tom Denham은 "승진할 생각, 돈 더 벌 생각, 더 가지려는 생각만 하는 사람은 진정한 만족을 얻지 못한다. 단순히 금전적인 측면에서만 성공을 평가하는 사람은 깊이가 없는 것이며 장기적으로 볼 때 공허감만 느끼게 될 뿐이다."라고 말한다. 거짓된 성공은 눈에 보이는 것에 근거해 있지만 진정한 성공은 올바른 가치관에 근거해 있다.

성공이 무엇인지 묻는 질문 앞에서 자기 자신을 정직하게 열어보는 방법이 있다. 당신이 존경하는 인물 세 명의 이름을 노트에 적고 그들의 특징들을 열거해보는 것이다. 이제 그들의 공통점을 찾아보라. 부자인가? 유명한가? 인기 있나? 그 대답을 보면 당신의 마음이 어떤 성공을 열망하고 있는지 알 수 있다. 그리고 그것에 따라 선택과 목표가 정해진다. 막연하게 TV에 나오는 인물에게 자신의 미래를 대입하지 마라. 명성 좇지 마라. 자고로 뉴스는 명성을 좇기 마련이다. 대단히 성공했으니 뉴스와 신문에 나는 거다. 오늘날 신문 잡지는 늘 성공한 사람들의 이야기로 도배되어 있지만 그건 정말 소수에 불과하다. 몇몇 특출한 황새 이야기는 우리의 평범한 삶과 거리가 멀다. 그걸 모두에게 동일한 꿈으로 주입시킬 수는 없다. 성공한 1인 뒤에 있는 수백, 수천 명의 평범한 우리는 못 보는가? 그 대단한 성공담을 읽으며 그 기준을 나에게 맞추지 마라. 자족하지 못하고 눈높이만 높아진다. 자신의 현재 처지가 불행하게 느껴진다. 어쩌지? 꿈타령 대열에 합류한다. 절망을 끝없이 학습하게 된다.

인기를 좇지 말자. 명성은 순식간에 사라져버릴 수 있다. 엊그제까지만 해도 영웅이던 사람이 어느새 잊히고 만다. 영광은 오래가지 못한다. 금방 시들고 마는 영광을 추구할 때 바로 뒤에서 절망과 공허가 좇고 있음을 잊지 말자.

올해에 돈을 많이 번 사람이 내년엔 모조리 잃기도 한다. 돈을 잃는 것도 순식간이다. 세상은 그 정상에 있는 사람을 날마다 갈아치운다. 한때 TV를 도배하던 인기 연예인들 중 이제는 기억도 안 나는 이들이 얼마나 많은가? 명성과 인기는 한시적이며 우유 유통 기한만큼이나 짧다.

사회는 결코 자족하는 마음을 권하지 않는다. '독해지라'는 말이 해독이 안 될 만큼 체내에 독으로 쌓이고 있다. 나도 지난 20여 년간 대기업에서 근무했지만 기업은 늘 '전진하라', '더 높이 오르라'는 독려밖

에 모르더라. 언젠가 모 대기업의 연수원에 갔다가 '백척간두진일보百
尺竿頭進一步'라는 글귀가 크게 나붙은 걸 보았다. '백 척이나 높은 장대
끝에서 한 걸음 더 나아가라'는 말로, 자신의 한계에서 더 발전하라는
뜻이다. 지금 생각하니 뭐래? 떨어져 죽으라구?

이겨내라는 독려의 말이 당신의 여유를 착취하고 그 보상으로 외로
움과 우울을 선사하고 있다. 한계를 넘어서라는 응원의 말이 당신을 탈
진시키고 있지는 않은가?

"넌 할 수 있어!" 그래서 난 피곤해!

자, 그러면 꿈을 이룬 사람들의 이야기를 직접 들어보자. 나는 수백
수천 대 1의 경쟁률을 뚫고 합격한 현직 리포터, 아나운서, 배우, 성우,
쇼호스트 20명에게 그토록 꿈꾸던 직업을 갖고 나서 이제는 만족하는
지 물었다. 그런데 모두가 고용의 불안감 속에서 하루하루를 살아간다
고 답했다. 그들은 아래와 같은 말들을 털어놓았다.

- 고용 불안은 물론 사소한 실수 때문에 일이 들어오지 않을까 봐 늘
  노심초사하는 내적 불안감.
- 이 직업을 갖기 전에 상상했던 것과 막상 일을 해보니 그게 아니었
  음을 깨달았을 때 그 간극 사이에서 밀려오는 자괴감.

- 동료와 밥그릇 싸움하며 살아야 하는 치열한 경쟁에서 오는 긴장감.
- 이 일을 계속 해야 하는가, 하는 갈등과 이 일을 관뒀을 때 뭐 먹고 사나, 하는 두려움.

나 역시 어두침침한 도서관에서 청춘을 버렸다. 그 결과로 얻은 것은 학점이라는 알파벳 하나. 사회에 나와 보니 그 누구도 내 학점 물어보지 않는다. 그런데도 그때는 알파벳 하나가 미래의 행복을 보장해주기라도 하는 줄 알았다. 요즘 청춘에겐 공무원 되기와 대기업 직원 되기가 인생의 최종 목표 같다. 토익 점수와 인턴 경력은 꿈의 직장에 들어가기 위한 필수 티켓이라 영어의 노예, 봉사활동의 노예라는 획일화된 성공방정식대로 살아간다.

미국 듀크 대학교에서는 행복의 요소를 경제적 안정, 직업 만족도, 대인관계, 주거환경, 건강 등으로 나눈 뒤 명문대 졸업생들에게 각 항목에 점수를 매기도록 했다. 삶의 5가지 요소에서 모두 성공한 사람의 비율은 12%에 불과했다. 더욱 놀라운 것은 명문대가 아닌 하위 대학 졸업생을 대상으로 조사한 결과 역시 11%로 큰 차이가 없었다는 것이다. 가장 긴 줄이 가장 피곤하다. 끝없이 스펙 쌓으며 가방끈 늘리면 삶이 만족으로 채워질까 싶지만 그저 피곤하다.

꿈에 그리던 직장에 들어가면 꿈을 이룬 것인가? 첫 직장에 발을 담그면 10명 중 7명은 3년 안에 그 직장 나온다. 대기업 근속 연수는 겨우 9.3년이다. 유통, 서비스업은 6년 정도로 더 단명하다. 직장 들어가서 정년까지 버티다 채우고 나오는 직장인은 단지 100명당 7명(7.6%)뿐이다. 영원할 것만 같은 공기업 근속 연수도 15년이다. 겨우 그만큼 일하고 또 다시 사회로 내던져진다. 당신의 꿈이 근시안적 목표였음을 비로소 깨닫는다.

대학원 선배 중에 유명 광고대행사 CEO였던 대선배가 있다. 회사도 크게 키우고 명성이 높았다. 그분이 은퇴하신 후 동료들과 놀러갔는데 작은 피자집을 하시며 오토바이 배달을 나가시더라. 그 피자를 배달시키는 사람 중 그 누가 그분의 경력을 알아줄까? 늘어난 주름만이 경력을 대변하는 직장 훈장이 되었을 뿐이다.

김민기가 작사한 '봉우리'라는 노래가 있다.

"허나 내가 오른 곳은 그저 고갯마루였을 뿐, 길은 다시 다른 봉우리로 (…) 봉우리란 그저 넘어가는 고갯마루일 뿐이라고."

그렇다. 최종 꿈 같은 건 없다. 지금 당신이 꾸고 있는 꿈도 삶이라는 긴긴 여정에서 아주 작은 부분에 해당한다. 너무 꿈에 얽매일 필요가 없다는 말이다.

하나대투증권 직원들을 인터뷰하다가 한 사원이 들려준 재미난 얘기다. 취업 준비생일 때 그는 가장 부러운 장면이 점심시간에 직장인들이 사원증을 목에 걸고 회사 밖으로 나와 근처 식당에서 밥 먹으며 웃는 모습이었다. 그는 바람대로 여의도 증권가에서 일하게 되었다. 그런데 얼마 지나지 않아 사원증을 목에 걸고 밥 먹으며 웃는 이유가 일이 즐거워서가 아니라 이놈의 망할 회사를 잠시나마 벗어나 있다는 사실이 행복해서라는 걸 깨달았단다.

요즘 우리 주변엔 굉장한 성공담이 넘쳐난다. 어렸을 때 책장을 메우고 있던 위인전 전집 수준이다. 그래서 사람들 꿈은 너나 할 것 없이 이건희가 되어버렸다. 그들의 기준을 자신에게 적용하려 하면 현재의 처지가 너무 불행하게 느껴진다. 나는 도대체 아무 것도 안 하고 있는 사람처럼. 그렇게 꿈이 아닌 절망을 학습한다. 꿈을 크게 가지라고들 한다. 다 좋다.

하지만 더 높은 곳만을 향해 '고高'만 외치다간 '고품'만 온다.

나침반의 방향은 절대적이다. 하지만 이 절대적 힘도 자석을 옆에 대면 바로 방향이 왜곡되고 만다. 자신의 분수와 수준을 누리라는 선조들의 나침반 같은 절대적 조언을 온 사회가 꿈 좇으라며 왜곡된 방향으로 바꾸고 있다. 당신은 세상의 근시안적인 일방적 물살을 거슬러 올라갈 용기가 있는가?

안개 같은 꿈은 바람을 좇는 것과 같다. 바람은 잡을 수도 가둘 수도 없다. 헛되어 수증기나 입김처럼 쉽게 사라져버리는 것이다. 나를 기분 좋게 해주는 신선한 가을 들녘 바람을 제아무리 힘껏 들이마신다 해도 내 배를 채워주진 못한다. 공허감만 채워진다.

내가 설문한 대부분의 직장인들은 꿈의 기준이 건물주가 되어 세받으면서 살며 일도 안 하고 놀고먹으며 무조건 행복하게 지내는 것이라고 답했다. 정말 달콤한 초콜릿은 무작정 달기만 하지 않다. 달면서도 쓴 맛이 공존한다. 무조건 노는 것도 지옥이다. 어쩌다 하루 온천에 몸을 담글 때의 행복은 이루 말할 수 없겠지만 1년 내내 온천에 몸만 담그고 있다고 생각해보라. 온천물은 지옥물이 된다. 삶에 노동의 수고와 일의 만족이 더해져야 행복의 가치도 느끼고 소중함도 알게 된다. 완벽한 꿈대로 갖추고 사는 모습을 머릿속에서 지워라. 그런 꿈이 현실의 나를 더 외롭게 한다.

그동안 수많은 설문과 인터뷰를 하면서 내가 제시한 50가지 항목의 행복 지수 척도에서 가장 높은 점수를 받은 사람은 참으로 의외였다. 서울 관악구 신림동에서 일주일에 사흘은 구두를 닦고, 나흘은 봉사하는 30대 젊은이였다. 노자는 인생을 살아가는 최상의 지혜는 물처럼 사는 것이라 했다. 물은 그릇의 모양에 따라 제 모양을 바꾼다. 본질은 변하지 않지만 순응한다. 물은 자신의 위치를 알고 거슬러 오르려 하지도 않는다. 그 30대 젊은이도 물처럼 사는 지혜를 깨달은 듯

했다. 그는 자신의 처지를 남과 비교하지도 않았고, 매 순간 주어진 일을 착실히 해내고 그 일의 좋은 면을 즐겼다.

《장자》'추수秋水'편을 보면 우물 안 개구리에 대해 왜 우물에 살면서 우물 밖의 바다를 동경해야 하는가? 반문한다. 우물에 살면서 우물 안의 삶의 행복을 누리는 것이 잘못인가? 무조건 험난한 바다로 나가는 것이 행복인가?

자기 삶을 혹사시키면서 내 삶의 영토를 넓히고 높은 곳으로 올라가려만 하지 말고 넓은 목장의 울타리를 하나씩 수리하듯 적당히 만족하는 마음을 길러야 한다. 자족이란 열쇠가 내 삶을 빛나게 한다. 진정 내 삶의 감독이 되려면 자족부터 배워야 한다. 출발점은 그것이다. 그런 다음 단기, 중기, 장기로 이어지는 합리적이면서도 구체적인 계획을 세우는 것이다. 나의 펜 끝은 우리의 무모하고 미련한 도전에 과감히 마침표를 찍고자 함이다. 그래서 언젠가 재충전이 불가능할 정도로 완전 방전이 되는 것을 미리 막고자 함이다. 내려놓는 척만 하지 말고 과감히 포기하자. 꿈의 소등은 현실의 점등이다.

나라 전체가 "넌 할 수 있다."라는 말에 홀려 있다.
'넌 할 수 있다'는 긍정적 격려가 오히려
우리를 피곤하게 만든다.
소위 말하는 '희망 고문'이다.
희망 고문은 점점 무거운 짐이 되어
우리의 어깨를 짓누른다.

걱정해서 걱정이 없어지면
걱정이 없겠네

지구상에서 노예 제도가 폐지된 지 200년이 되어가지만 우리는 여전히 두려움과 걱정이라는 감정에 속박된 현대판 노예다. 끝없는 위기의식과 걱정은 사람을 서서히 상하게 만드는 일임에 틀림없다. 마케터나 세일즈맨들 사이에 이런 말이 있다.

"인생은 영업이다. 매출이 인격이다. 실적이 깡패다. 매출이라는 수치數値를 못 올리면 쪽팔림이라는 수치羞恥를 못 면한다."

꼭 세일즈맨이 아니라도 직장에 몸담고 있는 사람이라면 이 말에서 느껴지는 불안과 폭력성에 대해 충분히 공감할 것이다. 모든 직장인들은 월초가 시작될 때마다 막막한 기분을 느낀다. 월말이 다가오면 실적에 대한 부담과 압박으로 불안과 초조감에 시달린다. 많은 직장인들은 일 자체가 힘든 것보다 실적을 내야 한다는 마음의 부담감과 압박감에서 오는 스트레스 때문에 더 괴로워한다.

가끔 컨설팅이나 강연을 위해 세일즈를 하는 회사를 방문하면 어디든지 한쪽 벽에 실적에 따른 등수가 붙어 있다. 그게 사람을 피 말리게 하는 '끝판 왕'이다. 사람을 낭떠러지 끝에 세워놓고 일을 시키니 마음의 여유가 있을 턱이 있나? 기업은 툭하면 "항상 위기의식을 가져야 한다."라고 강조한다. 어느 기업을 가도 늘 직원들에게 위기감을 반복해서 강조한다. 매출이 안 좋으면 안 좋으니까 위기! 매출이 좋으면 언제 분위기가 바뀔지 모르니 이럴 때일수록 위기! 참 궁금하다. 그러면 위기가 아닌 때는 대체 언제일까? 대체 뭐가 그렇게 위기일까?

위기라는 말은 흔히 일회적인 짧은 순간을 상정하는 경향이 강하다. 그런데 기업에서 떠벌리는 위기는 매우 지속적이고 반복적이다. 그렇게 숨넘어가기 직전의 위험사회로 몰아가니 그 경쟁 시스템에서 오는 불안과 걱정의 무게가 가슴을 짓눌러서 피가 마를 지경이다. 이제는 걱정거리가 없으면 걱정거리가 없음을 걱정한다. 뭐라도 걱정거리를 찾으려 애쓴다. 걱정 없는 머릿속은 불안하고, 걱정거리가 있어야 마음이 편해질 정도다. 걱정도 습관이다. 걱정쟁이의 마음은 무거움에 찢어지고 터지려 한다. 그런데 이 많은 걱정들을 누가 해결해주지?

이때 우리는 누구도 내 걱정을 해결해줄 수 없다는 막막한 외로움에 빠져든다. 일요일 저녁 '개그콘서트'가 끝난 뒤에 밀려드는 월요일에 대한 걱정과 막막한 외로움을 누구에게 하소연할 것인가?

인생은 벌어지는 일이 10%라면 90%는 어떻게 대처하느냐에 달렸다. 미국의 심리학자이자 베스트셀러 작가인 어니 젤린스키Ernie Zelinski는 《모르고 사는 즐거움》이라는 책에서 이렇게 말했다. "걱정의 40%는 절대 현실로 일어나지 않는다. 걱정의 30%는 이미 일어난 일에 대한 것이다. 걱정의 22%는 사소한 고민이다. 걱정의 4%는 우리 힘으로는 어쩔 도리가 없는 일에 대한 것이다. 걱정의 4%는 우리가 바꿔놓을 수 있는 일에 대한 것이다."

"걱정을 해서 걱정이 없어지면 걱정이 없겠네."라는 티베트의 속담이 있다. 이처럼 우리의 불안 중에는 실재하는 불안도 있지만 생각이 빚어낸 불안도 많다. 자신이 창조한 불안과 고통에 갇혀서 살아간다. 미래에 대한 걱정, 더 나빠질지 모른다는 두려움, 답이 안 보이는 내일, 그러나 이것들은 실재하는 고통이 아니다. 거짓 고통이다. 현재를 사는 나의 것이 아닌 아직 존재하지도 않는 미래의 고통이다. 성서에서조차 "내일에 대해서 걱정하지 말라. 내일은 그날의 염려가 있을 것이다. 그날의 나쁜 일은 그날로 충분하다."라고 했다. 내일은 오늘과 전혀 다른 하루다. 오늘의 나쁜 일은 오늘로 충분하다. 망쳐버린 오늘이 나의 소중한 내일에까지 피해를 줘서야 되겠나?

달빛은 마음을 비우고 바라보면 감동적이다. 하지만 걱정을 잔뜩 안고 바라보면 달빛조차 무겁다. 달빛에 어디 무게가 있겠나. 내 걱정이 무게 없는 달빛에 무게를 줄 뿐이지.

영어 단어 걱정하다worry의 어원을 찾아보면 '목을 조르다. 숨이 막히다.'라는 뜻이 있다. '목 조르기 무화과나무'란 게 있다. 말 그대로 아무 나무에나 들러붙어서 그 나무를 목 졸라 죽여 버리는 실재하는 나무다. 당신에게도 그런 걱정 나무가 들러붙어 있는 건 아닌가? 이렇게나 자신의 힘으로 모든 것을 해결하지 않으면 안 될 때 외로움은 등 뒤에서 커다란 그림자를 드리우고 있다.

걱정스런 불편한 감정을 다스리는 가장 좋은 방법은 자신에게 그런 감정이 있다는 것을 인정하는 데에서 시작한다. 부인하지도 자책하지도 않는 것이다. 당신의 감정을 정성스럽게 조사하라. 한 조사에서는 자신의 감정을 받아들이지 않으려는 사람들에게서 공통된 특징을 발견했다. 즉, 대화를 독점하고 싶어 하거나 정직한 말투를 쓰지 않거나 자기감정에 지나치게 집중한 나머지 친구들과 멀어졌다. 또한 사람과의 친밀한 관계를 파괴하는 경향도 있었다.

자신의 감정을 인정하는 것은 외로움을 극복하는 첫 번째 단계이다.

외로우면서도 외롭지 않은 척 행동하거나 외로우면 안 된다는 강박에 빠져 있으면 상황만 더 나빠진다. 만약 그렇다고 느낀다면 다음 표를 보라.

미세 먼지 예보 5단계

매우 나쁨	나쁨	보통	좋음	매우 좋음
매우 나쁨	나쁨	약간 나쁨	보통	좋음

미세 먼지 예보는 어떤 기준에 따를 것이라고 생각하는가? 통념과 달리 아래 것이 맞다. '좋음' 말고는 모두 '나쁨' 쪽으로 쏠려 있다. '매우 좋음'이 없다. 최근 이 예보는 4단계로 바뀌었는데 흥미롭게도 '좋음, 보통, 나쁨, 매우 나쁨'이다. 역시나 매우 좋음은 없다. 왜? 실제로 대기 중에 미세 먼지가 전혀 없는 '매우 좋음'은 존재하지 않기 때문이다. 늘 대기 중에는 미세 먼지가 존재하며, 어느 정도 견디며 살기에 준수한 수준의 차이일 뿐이란 말이다.

같은 논리로 내 머릿속에 외로움의 잔여물이 완전히 제거된 '외로움 완전 해방 상태'를 바라서는 안 된다. 완전히 벗어날 수는 없다. 정도의 차이일 뿐이다. 미세 먼지가 없는 날이 없듯 지구인 중 외로움에서 완벽하게 독립할 수 있는 사람도 없다. 우리가 외로움을 이겨내기 전에 먼저 외로움을 인정하고 살아야 하는 이유다. 인간 존재의 가장 밑바탕에 고독이 있다. 그래서 인간은 외로움을 느끼는 동류를 찾는 유일한 생명체다.

성서에서 다윗왕은 이렇게 말했다. "우리의 수명은 칠십 년, 힘이 있으면 팔십 년이지만, 인생은 고생과 슬픔으로 가득 차 있다." 참으로 맞는 말 아닌가? 고생과 슬픔으로 점철되어 있는 우리 삶에서 열외인 이는 아무도 없다. 어느 정도는 인정하고 수긍하면서 살아가야 한다.

살다 보면 "어떻게 나에게 이런 일이!"를 외칠 때가 있다. 드라마에나 나올 법한 도저히 믿어지지 않는 불행과 악운이 일어날 때가 있다. 그럴 때 그 사실을 받아들이는 건 참 쉽지가 않다. 살면서 "어떻게 나에게 이런 일이!"를 외쳤을 때가 언제였는지 주관식 질문을 했다. 많은 경우 해고, 이혼, 암, 가족 사망 등이라고 답했다. 답변 중에 가장 잊히지 않았던 것은 KB손해보험 보험설계사의 답변이었다.

공수특전대 출신에 건장하고 다부진 체격의 30대 남성이었다. 공수특전대는 비행기를 타고 적진에 제일 먼저 낙하산을 타고 뛰어내려 임무를 수행하는 특공대다. 거의 없지만 수만 분의 1 확률로 낙하산이 안 펴질 때가 있다. 그런데 그에게 그런 일이 벌어졌다. 안 펴졌단다. 그때의 황당함과 공포는 표현이 안 될 정도였고 그대로 땅으로 내리꽂혔다. 뒤늦게 보조 낙하산을 펴서 목숨은 구할 수 있었다. 하지만 결국 온 몸의 뼈가 부러져서 국군병원에서 2년을 누워 있었다. 그가 말했다. "1퍼센트의 확률이라도 정작 나에게 일어났을 때는 100퍼센트더라구요."

그러고 나서 그는 받아들이는 것의 중요함을 깨우쳤다고 말했다.

엘리자베스 퀴블러 로스Elisabeth Kübler-Ross는 불행을 받아들이는 과정을 5단계로 말한다.

부정   분노   타협   우울   수용

빨리 인정하고 수용하는 것만이 나를 추스르고 미래를 대비할 수 있게 해주는 묘약이다. 살다가 믿을 수 없는 일을 만날 때 가능한 한 빨리 받아들이는 것이 지혜롭다. 현실을 직시하고 차근히 계획을 세워야 한다. 벌어진 현실은 바꿀 도리가 없지만 미래는 얼마든 바꿔나갈 수 있기에.

걱정스런 불편한 감정을 다스리는 가장 좋은 방법은
자신에게 그런 감정이 있다는 것을
인정하는 데에서 시작한다.
부인하지도 자책하지도 않는 것이다.

당신의 감정을 정성스럽게 조사하라.

편견의 장벽이
사람을 밀어낸다

1층 세탁소 주인은 조폭 같다. 첫인상은 그랬다. 무서웠다. 몇 차례 망설이다가 세탁물을 가져가 조심스레 그에게 건넸다. 그런데 처음 보는 나에게 그 커다란 덩치로 허리를 깊이 숙여 상냥하게 인사를 하신다. 그런 다음 나의 태도는? 문신이라도 있는 건 아닌지 나도 모르게 찾고 있었다. 상대의 친절함을 보고서도 여전히 편견에 사로잡혀 있는 나 자신이 그렇게 한심할 수가 없다.

한국계 미국인 조너선은 어렸을 때부터 인종 차별 속에서 컸다. 사람에 대한 편견이 싫어서 그는 커서 의사가 됐다. 하지만 편견은 여전했다. 그래서 그는 성장하면서 생김새나 인종에 대한 편견이 없는 곳을 찾고자 늘 노력했다. 그리고 결국 그런 곳을 찾았다. 미국 알래스카 북부였다. 그곳에서는 환자들 상당수가 자신과 생김새가 비슷했고, 그는 그곳에서 북극의 차가운 바람보다 더 매서운 편견의 바람에서 벗어나길 간절히 바랐다. 하지만 그 희망은 한 여성을 치료하면서 산산이 깨졌다. 그 여성은 혼수상태에서 깨자마자 조너선의 얼굴을 보고 험한 욕설을 퍼부었다. 왜 내 몸을 저런 동양인에게 맡겼냐는 것이다. 그녀는 동양인에 대한 뿌리 깊은 혐오감을 감추지 않았다. 조너선은 지구 어디를 가도 편견에서 벗어난다는 것은 불가능하다는 것을 깨닫고 절망했다.

대부분의 사람들은 자신이 타인을 편견을 갖고 바라보거나 타인이 자신을 편견을 갖고 바라본다고 생각한다. 편견은 사람을 서로 밀어낸다. 그래서 편견은 외로움과 가장 가까운 동지다. 세탁소 아저씨에게 가졌던 것처럼 나 역시 편견에서 자유롭지 못하지만 반대로 쇼호스트라는 직업 때문에 자주 편견의 대상이 되기도 한다.

사람들은 내가 쇼호스트라고 하면 늘 말을 많이 하는 줄 안다. 항상 무대 위에 서고 카메라 앞에 서니까 엄청 외향적인 줄 안다. 지금 고백하자면 나는 말수도 적고 내성적이다. 명함 한 통이 1년이 지나도록 그대로 있다.

업체와 상품 관련 미팅을 할 때의 일이다. 업체 직원은 담당 쇼호스트가 장문정이라는 걸 알고 미리 내 방송을 열심히 모니터한 뒤에 미팅

자리에 왔다. 그가 말하길, 방송 중에 엄청나게 소리 지르고 뛰어다니는 등 카리스마와 퍼포먼스가 대단해서 직접 만나면 회의를 휘어잡을 거라고 생각했단다. 정작 조용히 잠자코만 있으니까 자기네 상품이 마음에 안 들거나 컨디션이 안 좋은 줄 알았단다. 나처럼 내성적인 사람은 흔히 차갑고 냉정한 사람으로 비춰지기도 한다. 편견이다.

편견의 정의는 '어떤 사람에 대한 부정적인 태도나 감정을 갖는 것'이다. 편견 때문에 소중한 인연이 될 사람을 놓치거나 심지어 적으로 삼은 채 살 수도 있다. 편견은 뿌리 뽑기가 무척 힘들다. 왜 그럴까? 편견과 어깨동무하고 있는 '차별'이란 말이 있다. 차별은 겉으로 드러나는 감정이라서 반발할 수도, 처벌할 수도 있다. 하지만 편견은 내면 깊이 자리 잡은 것이기에 규제할 수도, 간섭할 수도 없다.

당신에 대한 편견 때문에 차별을 당하거나 부당한 대우를 받아본 적이 있는가? 피부색이나 민족, 사회적 지위 때문에 요청이 묵살되거나 특정 서비스를 받지 못하거나 그 밖의 다른 방법으로 멸시를 당해본 적 있는가? 참 기분 나쁘다. 그런데 당신 또한 알게 모르게 누군가에게 편견을 가진 채로 대하고 있을지도 모른다. 그 점을 잊어서는 안 된다.

우리의 일상 속에 알게 모르게 녹아든 편견에 대해서 몇 가지 살펴보자.

혈액형이 뭐예요?

아마 당신도 이런 질문을 받아본 적이 있을 것이다. "혈액형이 뭐예요?" 병원도 아니고 수혈할 일도 없는데 사람들은 종종 혈액형을 묻는다. 그걸로 당신의 성격을 판단하겠다는 심사다. 혈액형이 사람의 성격을 규정한다는 미신이 걷잡을 수 없이 퍼져 있다. 놀랍게도 전 세계에서 혈액형으로 성격을 판단할 수 있다는 미신을 믿는 나라는 한국과 일본뿐이다. 1970년대 일본의 한 방송작가가 쓴 《혈액형 인간학》이라는 책이 인기를 끌면서 퍼져나갔고 그것이 한국으로 넘어왔다. 일부 방송에서는 그것이 과학적으로 정확한 듯 다루기도 한다. 그 사람의 성향을 보고 혈액형을 맞히면 그것 보라며 손뼉을 치고 무릎을 친다. 이것을 일종의 바넘 효과Barnum effect라고 한다. 이는 어떤 점괘가 마치 자신을 묘사하는 것처럼 보이는 현상을 말한다. 누구에게나 해당되는 일반적이고 보편적 성격이나 특징을 자신만의 고유한 특징으로 여기려는 심리적 경향이다.

사람의 적혈구에는 300여 가지가 넘는 적혈구 항원이 존재한다. 각각의 고유한 항원이 그 정도니까 혈액형으로 성격을 규정하려면 300가지로 나누어 구별하는 것이 맞다. 또한 현재 알려진 혈액 분류 체계는 ABO식 혈액 분류법 외에도 20가지나 더 된다. 따라서 ABO식으로 성격을 구별할 수 있다면 나머지 20가지 혈액 분류 방법으로도 성격을 구별해야 맞다. 그러면 전혀 다른 결과가 나올 것이다. 이렇게 다양한 혈액 분류법들의 결과를 어떻게 받아들일 것인가?

브리태니커 백과사전에서는 일란성 쌍둥이가 아니면 동일한 혈액 분류 물질을 가진 사람은 거의 희박하다고 말한다. 당연하게도 성격은 선천적인 것 외에 후천적인 조건들, 즉 가정환경, 교육, 주변 사람들과의 관계, 다양한 경험 등에 따라 달라진다. 피는 산소와 영양분을 운반하고 체온을 유지하는 역할을 할 뿐이다.

관상을 보아 하니…

관상으로 사람을 판단하는 경우도 있다. 브리태니커 백과사전에는 관상학에 대해 때때로 '사이비 학문'으로 여겨진다고 기술되어 있다. 얼굴이나 체형, 행동을 보고 그 사람의 직업, 살아온 인생, 성격을 파악할 수 있을까? 어림도 없다는 실험이 있다.

2011년 독일의 한 범죄학 교수가 500명의 법학생을 대상으로 실험을 했다. 교수는 그 지역의 경찰서장, 검사, 변호사, 대학교 직원, 회사원, 공무원, 그리고 전과자 3명을 앉혀놓고 학생들에게 그 남자들의 직업을 맞춰보라고 했다. 특히 그중에서 범죄자를 골라야 했다. 힌트는 그들의 외모와 그들이 적어 낸 취미뿐이었다. 결과는? 학생의 60%가 멀쩡한 사람을 범죄자로 지목했다. 학생 7명 중 1명은 검사를 마약 밀

매상으로, 3명 중 1명은 경찰서장을 도둑으로 지목했다.

당신 옆 자리에 앉아 있는 인상이 별로인 동료는 정말 당신이 생각하는 그런 사람일까? 수년간 같이 근무한 직장 동료인데도 일과 관련된 것 말고는 그에 대해 아는 게 별로 없을지도 모른다. 당신이 그에 대해 알게 모르게 가지고 있던 편견이 그와 가까워질 수 있는 기회를 차단해버린 걸지도 모른다. 어쩌면 그가 나와 정말로 생각이 잘 통하는 사람일지도 모르는데.

경험으로 미루어 짐작컨대…

편견이 생기는 또 하나의 이유는 과거에 겪었던 특정한 경험 때문이다. 이것을 심리학에서는 가르시아 효과Garcia effect라고 한다. 쥐에게 특정 음식을 먹여서 일부러 배탈이 나게 한 뒤에 같은 음식을 주면 그 음식을 피하게 된다는 실험이 있다. 또 다른 실험에서는 쥐에게 설탕물을 먹이면서 고의로 전기 충격을 주면 다음부터는 달콤한 설탕물인데도 먹지 않고 피했다. 이 쥐에게 설탕물은 달콤한 물이 아니라 고통을 일으키는 물이라는 편견이 생긴 것이다.

똑같은 글을 읽어도 20살의 독자와 50살의 독자는 각각 받아들이는 태도가 다를 것이다. 과거의 수많은 경험들 때문에 받아들이는 관점이 달라져 있기 때문이다. 내 글을 읽는 사람들도 누구는 고개를 끄덕이고 누구는 가로저을 테다. 경험은 분명 중요한 것이다. 그러나 당신의 경험이 다른 누군가를 미리 판단하기 위한 근거로 쓰인다면 결코 바람직한 관계를 맺지 못할 것이다.

지금 당신 앞에 있는 그 사람은 당신의 편견으로 만들어진 과거의 어떤 유형의 사람이 아니라 완전히 다른 새로운 인격체다.

"난 이런 스타일이야!"

내가 남에게 갖는 편견도 문제지만 나 자신이 남에게 심어주는 편견도 문제다. "난 원래 이래."라고 자기 스타일을 선언해버리면 그 모습이 남에게 편견을 심어줄 수 있다.

얼굴이 아직 잘 알려지지 않은 가수를 섭외해서 노래를 시켰다. 그 영상을 촬영해서 동부화재 300명과 삼성화재 300명에게 각각 보여줬다. 동부화재 직원들에게 보여주기 전에는 '노래를 못하는 음치'가 며칠 연습해서 부른 동영상을 시청하게 될 것이라고 소개했다. 삼성화재 직원들에게 보여주기 전에는 '촉망받는 예비 신인 가수'라고 소개했다. 영상을 다 본 뒤에 그 사람이 노래를 잘했다고 생각하는지 물었다. 동부화재 직원 중 27%가 그렇다고 답했고 삼성화재 직원 중 78%가 잘한다고 답했다.

기업 강의를 하고 싶다는 지망생 4명에게 1시간 동안 15분씩 강의를 맡겼다. 처음 3분간은 자기소개를 하도록 했는데 처음 2명에게는 이 분야의 전문가라고 자신감을 피력하게 했다. 뒤의 2명에게는 "제가 배우는 입장이지만", "제가 아는 건 별로 없지만" 같은 소극적인 자기소개를 하라고 시켰다. 강연이 끝나고 설문을 돌렸더니 뒤에 강연을 한 2명이 앞의 2명보다 더 아마추어 같았다고 답했다.

두 실험에서 알 수 있듯이 나의 이미지 선언이 사람들의 생각을 바꿀 수 있다. 이것을 마케팅에서는 '이미지 선언 기술'이라 한다. 먼저 이미지를 선언해버리면 사람들은 실제 상태나 속성과는 상관없이 그렇게 믿어버린다.

누가 나에게 성격을 묻기에 농담 삼아 "불의를 보면 잘 참는 편입니다. 상황이 불리하면 빨리 비굴해지는 편이구요."라고 대답한 적이 있다. 그런데 그가 무슨 얘기를 하다가 불현듯 "선생님은 소심하시니까요."라고 한다. 나를 언제 봤다고? 어쩔 수 없다. 내가 농담 삼아 얘기한 저 이미지 선언이 정말로 그렇게 믿게 만들어버린 것이다.

자기 자신을 쉽게 규정짓지 말자. 당신은 내성적이기도 하고 외향적이기도 하다. 당신은 소심하기도 하고 쿨하기도 하다. 정해진 드라마 캐릭터와 달리 당신은 다양한 성향을 지녔다. 자기 자신을 어떤 스타일로 규정하고 나면 스스로 선언형 굴레를 씌우는 격이 되어 쉽게 타인이 나에 대한 편견을 만들게 되고, 심지어 그 편견 속의 모습대로 행동할 수밖에 없는 일이 생길 수도 있다.

아인슈타인은 "서글픈 이 세상에서는 원자를 분열시키는 일보다 편견을 극복하는 일이 더 어렵다."라고 말했다. 미국의 전설적인 언론인 에드워드 머로Edward R. Murrow는 "아무도 편견을 제거할 수 없다. 편견을 인정할 수 있을 뿐이다."라고 말하며 편견 앞에서 항복했다. "편견을 문밖으로 쫓아내라. 그러면 창문으로 돌아올 것이다." 프러시아의 프리드리히 국왕의 말이다. 과학자도 관료도 왕도 편견을 없애는 법은 포기했단 얘기다.

나는 삼성화재, 현대해상, 신협, 웅진씽크빅, 코오롱 등 13개 회사 직장인 2,300명을 대상으로 봄, 여름, 가을, 겨울 각각의 계절을 생각할 때 떠오르는 단어를 써보게 했다. 남자와 여자 어느 쪽이 더 감상적인 단어를 썼을까? 여자들이 더 감상적인 단어를 쓸 것이라고 생각하겠지만 놀랍게도 남자였다. 여자들은 신입생, 대청소, 신상품, 벚꽃, 개나리 같은 단어를, 남자들은 첫사랑, 새로움, 설렘, 떨림, 희망, 따뜻함 같은 단어를 썼다. 남자 중에서도 20대보다 40대가 더 감성적이었다. 40대 남자의 가슴속에 소년이 살고 있더라. 우리의 쉬운 편견과 달리 말이다.

총 9개 사업장 3,800명을 대상으로 현재 직장에 미워하는 사람이 있는지 물었다. 90%가 있다고 답했다. 나머지 10%도 "잘 모르겠다", "잘 지내려 한다", "견딜 만하다" 정도로 답했다. 그 이유를 물었는데 재미난 건 24%가 "이유도 없이 그냥 밉다."였다. 상대방이 나에게 피해를 준 것도 없는데 괜히 그냥 싫은 거다. 그 사람에 대해 아는 것도 거의 없으면서 말이다. 당신이 직장 동료나 벗에게 편견이 있는지 알아보는 방법이 있다. 다음의 행위를 하는지 스스로 물어보는 거다. 대상에 대해 부정적 발언, 비난, 헐뜯는 말. 무시하거나 아예 회피, 이유 없는 적개심, 특정 행동으로 차별하지는 않는가?

그렇다. 만약 당신이 외로움을 느낀다면 지독한 편견이 거기에 한몫했을지도 모른다. 사회와 조직의 편견에 대해 말하기 전에 우리 자신이 가진 내부의 편견을 먼저 깨부수자.

편견의 장벽을 허물고 선입견이라는 불쾌한 틀을 깨면 비로소 사람이 보인다.

자긴 자신을 쉽게 규정짓지 말자.
당신은 내성적이기도 하고 외향적이기도 하다.
당신은 소심하기도 하고 쿨하기도 하다.

정해진 드라마 캐릭터와 달리 당신은 다양한 성향을 지녔다.
자기 자신을 어떤 스타일로 규정하고 나면
타인이 나에 대한 편견을 만들게 되고
심지어 그 편견 속의 모습대로 행동할 수밖에 없는
일이 생길 수도 있다.

버스 놓치면 어때?
다음 거 타면 되지

신호등에서 노란색 등은 '곧 신호가 바뀌므로 주의' 또는 '감속'이라 배웠다. 하지만 일상에서는 초록색 등과 같은 의미로 더 많이 쓰이는 것 같다. 다수의 운전자들에게 도로 위의 노란색 신호등은 '신호 바뀌니까 빨리 지나가라'와 같다. 한국인처럼 급한 사람이 있을까? 한번은 호주에 출장을 갔는데 사업부에 있는 모든 호주인들에게 한국식 유행어가 퍼져 메일을 보낼 때도 끝에 암호나 서명처럼 이 단어를 쓰곤 했다. '8282'.

한국 사람은 빠른 걸 좋아한다. 점심시간에 식당에 가면 빨리 먹기 대회라도 나가려는지 허겁지겁 밥을 먹고, 그것도 모자라 마지막 사람이 수저를 내려놓기만 기다리고 있다. 마지막 사람은 그게 민망해서 억지로 밥 먹는 속도를 더 내거나 아예 포기하고 수저를 내려놓는다. 밥을 절반이나 남긴 채. 자판기 앞에서는 어떤가? 버튼을 누르고 커피가 다 나오기도 전에 종이컵을 붙잡고 있다. 남자들은 바지 지퍼를 내리면서 화장실로 들어선다. 전자레인지에 음식을 돌리면 머리를 앞에 처박고 돌아가는 걸 지켜본다. 사탕은 끝까지 녹여 먹지 않고, 노래방에서 간주를 들으면 죄인 취급을 받는다. 스웨덴에서는 벽지를 새로 바르는데 적어도 2~3주가 걸린다고 한다. 한국에서는? 이사 전날 3시간이면 다 바른다.

마음에 조급함이 있으면 결과에서 그만큼 차이가 날까? 늘 "빨리 빨리!"를 외치는 사람은 뛰어난 성과를 거둘까?

서울에서 천안까지는 약 80km 거리다. 한번은 강남에서 천안에 있는 신한생명 연수원으로 강의를 가는데 시간이 아슬아슬해서 차를 레이싱카 몰듯이 밟았다. 가는 내내 초조한 상태로 미친 듯 과속하며 달렸다. 결국 지각했다. 하도 내달린 터라 정신이 나간 듯해서 마음이 진정된 후 혼자 계산을 해봤다.

두 대의 차가 있다. 두 대 모두 서울에서 천안까지 주행해야 한다. 한 대는 시속 100km로 정속 주행한다. 마음도 편하다. 당신이 모는 다른 차 한 대는 시속 120km로 달리면서 끼어들고 추월하며 미친 듯이 달린다. 마음이 급해서 시속 120km 이하로 단 1초도 줄이지 않고 내내 달린다. 이제 목적지에 도착해서 시간을 재보자. 당신이 느림보라 생각한 시속 100km 차보다 얼마나 더 빨리 도착했을 것 같은가? 단지 8분이다! 내가 그 8분을 위해 끝없이 마음 졸이며 목숨 걸고 달렸다는 것을 깨달은 순간 한숨이 절로 나왔다. 인생도 마찬가지다. 죽자사자 빨리빨리 달려봐야 결과는 큰 차이가 없다.

서울 천안 80km거리	도착 시간 차이
시속 100km로 편안히 운전할 때	단지 8분!
시속 120km로 미친 듯 과속할 때	

윷가락은 제아무리 멋들어지게 꺾어 돌려본들 결과가 달라지지는 않는다. 목탁을 잘 두드린다고 부처가 되는 것도 아니다. "일을 빨리하려고 하면 도리어 이루지 못한다."(욕속부달欲速不達)라는 말이 있다. 조급할수록 피는 마르고 혈관은 좁아지며 관에 못 박을 시간은 신속히 다가온다. 황천길 갈 때도 새치기할지 모르겠다.

쇼호스트로 일할 때 생방송 시간을 쪼개서 충청도 지역의 신협 지점들에서 강의한 일이 있었다. 담당자가 저녁은 먹고 하자며 근처 곱창집으로 데리고 갔다. 늘 시간에 치여 살아서였을까. 그날 나는 나도 몰랐던 버릇을 하나 발견했다. 밥을 먹으면서 계속 시계를 보는 버릇이었다. 옆에 앉은 사람들에게 불안감을 전염시키면서. 그런데 아무래도 촉박한 것 같았다. 식당에서 강의 장소까지 최소 차로 10분 거리다. 저녁 7시부터 강의 시작인데 강의 10분 전까지도 미동조차 하지 않고 여유 있게 곱창전골을 퍼 드시다니! "그만 일어나시죠!" 재촉하자 담당자가 느긋하게 대답했다.

"어차피 가봐야 아무도 없어유."

"왜요??"

되물으며 주위를 둘러보니 강의를 들을 교육생들이 다 그 식당에서 밥을 퍼먹고 있더라.

담당자가 급기야 넌지시 던지신다.

"괜찮아유~ 좀 늦으면 어때유~ 버스 놓치면 다음 거 타면 되지."

그 한 마디 말을 듣는 순간 막힌 속이 뻥 뚫리고 내 삶의 짐을 훌렁 벗어버린 듯한 기분이 들었다.

그렇다. 좀 늦으면 어떤가? 버스 놓치면 다음 거 타면 되지.

빛의 속도로 사는 곳이 홈쇼핑이다. 한 쇼호스트가 출산 휴가를 마치고 복귀하기 전에 모처럼 회사에 들렀다. 그녀의 눈에 새삼스럽게 보이는 풍경이 펼쳐졌다. 다들 혼 빠진 것처럼 정신없이 이리저리 뛰어다니고 있었다. 모두 정상이 아닌 것 같았다. 나도 한때 저렇게 살았구나 싶어서 얼굴이 화끈 달아올랐다. 그런데 그녀 자신도 복귀하고 나자 다시 자연스럽게 그들과 똑같아졌다.

늘 "빨리빨리"를 외치며 조급함을 지니고 사는 사람은 외로움이 찾아와도 잘 대처하지 못한다. 왜 아무도 지금 나를 불러주지 않을까 전전긍긍하고, 홀로 집에서 밤새 꺼지지 않는 도시의 불빛을 바라보며 "나만 혼자로군." "다들 재미있나 보네."라고 중얼거리며 소외감을 느낀다. 끊임없이 휴대폰 화면을 보면서 누구에게 연락이 오지나 않을지 조급해하다가 제풀에 지쳐 쓰러진다. 다음 문제를 보고 당신에게 해당되는 원인 하나를 골라보라.

문 제 뭔가를 끊임없이 하고는 있지만 항상 시간이 없다고 느낀다.
원인 1 주어진 시간보다 해야 할 일이 너무 많다.
원인 2 주어진 시간을 효율적으로 쓰지 못하고 있다.

당신은 2번을 골랐다. 시간을 효율적으로 쓰지 못하고 있다는 생각 속에 또 다른 강박이 숨어 있는 것은 아닐는지 다시 한 번 곰곰이 생각해보라. 당신이 항상 시간이 없다고 느끼는 이유가 물리적으로 주어진 시간 내에 해결할 수 있는 일의 양을 넘어섰기 때문은 아닐까? 실제로 당신이 처해 있는 문제의 직접적 원인은 1번에 있을지 모른다.

한국인의 급한 성격, 생존 경쟁을 부추기는 치열한 사회 분위기, 성실과 근면을 부르짖는 전통적 정서가 주어진 시간을 효율적으로 쓰지 못하고 있다는 강박을 부추긴다. 늘 긴장과 강박 속에서 스위치가 켜진 채로 일하다 보니 목이며 어깨가 안 아픈 사람이 없고, 그렇게 헌신적으로(누구를 위해?) 일하다가 헌 신처럼 몸은 너덜너덜해진다. 남는 것은 피로와 압박감뿐이다.

자연 상태에서는 기하학적 일직선이 존재하지 않는다. 그런데 인간은 굽이굽이 길을 깎아 인위적으로 직선 도로를 만들고, 가장 빠른 길을 고안해 속도와 효율만을 따진다. 현대인은 배가 고파서 먹고, 졸려서 자는 것이 아니라 점심시간이 되었으니 먹고, 자야 할 시간이 되었으니 잔다. 차이를 알겠는가?

이런 강박을 내려놓는 방법은 무엇일까? "Let it be!" 비틀스의 노래처럼 그냥 내버려두어야 한다. 당신 몸의 신경 조절 스위치는 당신의 손에 있다. 다른 누군가가 그 스위치를 조절하도록 허락하지 마라. 스위치를 끄는 일은 당신의 손이 가능하게 하라. 우리에겐 스위치를 꺼둘 시간이 필요하다. 하루 20분 만이라도 압박의 스위치를 끄자.

명품 바이올린을 보관하는 방법은 간단하다. 안 쓸 때는 현을 느슨하게 풀어놓는다. 풀어놓지 않으면 현이 긴장한 채로 늘어져서 다음에 쓸 때는 더 조여야 하고, 또 다음에 쓸 때는 더욱 조여야 한다. 계속 조이다 보면 줄이 끊어지든지 몸통이 휘어지든지 둘 중 하나다. 쉴 때는 확실하게 현을 풀어놓아야 한다. 당신의 '8282 삶'의 현도 가끔은 완전히 풀어놓기를 권한다.

살아야 할 이유는 있어도
죽을 권리는 없다

어렸을 때 만화를 보다 보면 우리의 주인공에게 일격을 당한 악당 로봇이 최후의 수단으로 빨간 버튼을 누르는 장면이 있었다. 빨간 버튼은 최악의 상황에 선택하는 '자폭' 기능을 활성화시켜서 상대편은 물론 자기 자신도 죽게 만든다. 악당 로봇은 지구 정복이라는 목표를 달성하기 위해 이 버튼을 누르지만 대개 혼자만 죽고 우리의 주인공은 지구를 지키는 데 성공한다. 세상일이 내 마음 같지 않을 때, 외로움에 사무쳐서 긴 밤을 뜬 눈으로 지새울 때 가끔 이런 생각에 빠져본 적 있나?

'나에게도 그런 빨간 버튼 하나쯤 있다면…'

외로움에 대한 주제로 설문 조사를 할 때 주관식 설문지에 의외로 죽고 싶다고 쓴 사람이 많은 걸 보고 깜짝 놀랐다. 그들은 모두 정상적인 범주에서 평범하게 직장 생활을 하고 있는 사람들이었다. '그냥 이대로 확 끝내버릴까?' 이해가 안 되는 것은 아니다. 극심한 고통과 절망감에 휩싸이면 누구나 다 이런 자살 욕구를 느끼곤 하니까. 한국의 수많은 직장인들이 마스터키가 있어야만 열 수 있는 빨간색 자폭 버튼에 자꾸만 시선을 고정시키고 있다는 게 가슴을 답답하게 만든다.

전 세계에서 40초에 한 명씩 자살한다는 통계가 있다. 매년 80만 명이 그렇게 고요히 사라진다. 한국에서 자살 사망률은 1991년 당시엔 인구 10만 명당 7.3명이었다. 그러다가 2014년엔 10만 명당 32명으로 OECD 국가 중 최고가 됐다. 한국의 자살 증가율은 세계 2위다. 1년에 1만 5000명, 즉 하루에 40명씩 자살한다. 교통사고로 죽는 사람보다 3배가 많다. 한 연구에 따르면 한 사람이 실제로 자살할 때마다 200명이 자살을 시도하며, 또 다른 400명이 자살할 생각을 한다.

통계청 자료에 따르면 한국인 10명 중 1명은 자살 충동을 느낀다고도 한다. 게다가 6명 중 1명은 심각하게 자살을 고민한 적이 있고 100명 중 3명은 실제로 자살을 시도했다는 조사 결과도 있다. 한강 다리에서 투신하여 자살하는 사람이 얼마나 많은지 알면 놀랍다. 1년에 400명 이상이 몸을 던진다. 매일 하루에 1명꼴로 뛰어내린다는 말이다.

한국의 청소년 사망 원인 1위는 자살이다. 학업, 가정 문제, 왕따 등 여러 심각한 사회 문제가 자살의 원인으로 지목되지만 자살 충동을 부추기는 가장 강력한 이유 중 하나는 외로움이라는 통계가 있다. 외로움에는 예외가 없다. 60세 이상의 사망 원인 1위도 자살인데, 그 이유에도 외로움이 큰 영향을 미치는 것으로 조사됐다. 이처럼 자살과 관련된 자료를 조사하던 도중에 나는 놀라운 사실을 발견했다. 어떤 달은 신문 지면이나 인터넷 언론에 자살 보도가 나지 않은 날이 단 하루도 없었다는 점이다! 누군가가 그렇게 매일같이 소중한 자신의 삶을 스스로 끝내버렸다는 게 너무나도 암울했다. 또한 자살한 사람들의 대부분은 외로움이라는 매우 고통스러운 감정만이 함께했다. 외로움과 괴로움이 사람을 죽음까지 몰아간 것이다. 당신이 지금 죽고 싶다면 당신은 외톨이라 느끼고 있을 수 있다. 외로움이 당신을 슬슬 좀먹고, 살고 싶은 의욕을 고갈시켜버릴 수 있다.

자살 충동으로부터 벗어날 수 있는 사람은 없는 것 같다. 자살에는 지위도 종교도 교육도 재력도 상관없다. 2012년 말 메르세데스 벤츠 코리아 대표이사 토마스 우르바흐Thomas Urbach가 스스로 목숨을 끊었다. 그는 자살하기 불과 나흘 전까지도 신차 시승 행사에 참석하는 등 활발한 활동을 보였고, 며칠 뒤에는 경영 계획도 직접 밝힐 예정이었다. 그런데 알고 보니 10년간 우울증을 앓아왔던 것. 가까운 사람들도 그 사실을 몰랐다. 그만큼 세상은 남의 감정에 대해 무심하다. 2015년 1월 40세의 젊은 승려가 차 안에서 자살했다. 스님 노릇 잘못해 죄송하다는 유서만 남긴 채. 2010년 10월 고려대 교수가 왕따를 비관해서 자신의 연구실에서 포장용 노끈으로 목을 매 숨졌다. 현대그룹 전 회장도 사옥에서 뛰어내려 자살했다. 이처럼 자살에는 지위도 종교도 학력도 재력도 상관없다. 자살에 대한 생각은 누구나 할 수 있다.

혹시 주변에 있는 누군가가 평소에 죽고 싶다고 입버릇처럼 되뇌지는 않는가? 만약 그런 말을 들었다면 절대로 지나치지 마라. 그에게 다가가 어떤 말이라도 한 번 더 들어주고, 어떤 말이라도 한 번 더 해줘라. 당신도 죽고 싶다고 함부로 되뇌지 마라. 자살은 놀랍게도 매우 높은 성공률을 자랑하기 때문이다. 자살 미수 건수 대 성공 건수의 비율은 10대 1로 추산된다. 10명이 시도하면 그중 한 명은 정말로 죽는다는 얘기다. 그런데 주목해야 하는 부분이 있다. 젊은이들(15세~24세)의 경우엔 100대 1로 추산되지만 55세 이상의 경우에는 1대 1로 추산된다. 나이 들어 자살 시도하면 거의 죽는다! 참으로 정신이 번쩍 들게 하는 통계다! 나이가 들수록 죽고 싶다는 말은 장난이 아니란 말이다.

생명보험회사의 종신보험은 통상 가입 후 2년이 지나면 심지어 자살을 해도 보험금이 나온다. 2년 뒤에 자살하겠다고 계획을 세우는 사람은 없기 때문이었는데, 근래에는 자살로 인한 보험금 지급이 많아지고 있어서 자살 조항을 삭제해나가고 있다. 그만큼 요즘 자살은 충동적이기보다는 장기적으로 계획하고 주도면밀해졌다는 증거다. 이성적으로 계획한 자살은 막을 수가 없다. 자살은 어느 날 갑자기 일어나지 않는다. 충동이라기보다는 오래 지속되어온 감정이기에 자살을 생각하고 계획하는 이들은 반드시 자살을 알리는 신호를 보낸다. 죽고 싶다는 문구를 반복해 쓰거나 주위에 알리거나 자살 사이트를 찾거나 수면제를 사 모으거나 아끼던 물건을 선물로 주는 것도 일종의 신호가 된다. 이것은 반대로 살고 싶으니 도와달라는 구조 요청 신호이기도 하다.

스스로 목숨을 끊을 생각이 있을 때 나타나는 몇 가지 증상

- 가족이나 친구와 대화를 나누려 하지 않고 말수가 확연히 적어진다.
- 식사와 수면 습관이 변한다.
- 한때 즐기던 활동에 흥미를 잃는다.
- 성격이 눈에 띄게 변한다.
- 과음을 하거나 특정한 것에 중독 증상이 나타난다.
- 소중히 여기던 물건들을 하나씩 처분한다.
- 죽음에 관해 자주 이야기하거나 죽음과 관련된 사이트를 찾으며 심취한다.

미국 자살 방지 재단의 조사를 보면 자살자의 90% 이상이 사망 시점에 정신력이 약해진다. 안타깝게도 그 질환을 인지하거나 진단하거나 적절하게 치료하지 못한 경우가 대부분이었다. 자살에 앞서 정신이 약해진다는 결론이다. 정신력이 강하다면 그런 생각을 안 한다는 논리도 선다. 정신을 바짝 차려야 한다.

한국형사정책연구원의 박형민 연구위원은 "세상에 죽고 싶어서 죽는 사람은 없다. 살고 싶은데 살아야 할 이유가 없어서 죽음을 선택하는 것"이라 말한다. 그가 지난 20년간 자살자들이 남긴 유서 400여 건을 분석해보니 자살자들의 유서에는 오히려 살고 싶은 강한 욕구가 있었다고 한다. 한 25세 남자는 유서에서 "내가 이 좋은 세상을 두고 이렇게 허무하게 가야 하나?"라고 반문했고 14세 소녀는 "이대로 죽기엔 15년밖에 못 산 내 인생이 너무 아깝다."라고 썼다. 그들은 죽어야만 하는 이유를 명확히 설명하지 못했다. 그저 힘들다는 말만 남기고 자살했다. '살아야 할 이유가 있을까'라며 죽었지만 그렇다고 죽어야 할 이유도 없었다.

자살은 권리가 아니다. 중세의 신학자 토마스 아퀴나스는 자살이 불법인 이유 3가지를 들었다. 첫째, 만물은 본래 자신을 사랑하고 자신의 생명을 보존하고자 하는 자연적 성향을 지니는데 자살은 이런 자연적 성향을 거스르기 때문이다. 둘째, 부분을 파괴하는 것은 전체를 파괴하는 것이기에 자살은 그가 속한 가족과 이웃 등 전체 공동체를 파괴하는 것이므로 불법이다. 셋째, 종교적 관점에서 생명의 수여자는 신이기에 신이 주신 생명이라는 선물을 함부로 버리는 것은 신을 무시하는 것이다. 칸트 역시 자살을 반대했다. 칸트는 자기 목숨을 물건처럼 버리는 자살자들은 자기 자신을 인격체보다는 사물로 간주함으로써 인간성을 모욕하는 것이라 했다. 스피노자는 현명한 사람은 죽음에 관해 생각하지 않고 오직 삶에 대해서만 생각한다고 했다.

이 세상에 영원히 지속되는 상황이 있던가? 당신이 좋은 상황도 언젠가 변한다고 믿고 있듯 나쁜 상황도 언젠가 틀림없이 변하기 마련이란 점을 믿어야 한다. 결국 상황은 계속 바뀐다. 현재 상황이 영원한 것이 아니라는 점을 기억하라. 살다 보면 고난이 생기기도 하고 없어지기도 한다. 물론 어떤 문제들은 넘지 못할 산처럼 보일지 모른다. 적어도 당시에는 그렇게 보일지 모른다. 하지만 참을성을 갖고 지켜보다 보면 상황은 변하기 마련이며 좋은 쪽으로 변할 때가 많다. 어떤 경우에는 전혀 예상치 못했던 방법으로 문제가 완화될 수도 있다. 그런가 하면 생각지 못했던 대처 방법이 나타날지도 모른다. 요점은 고통스러운 문제가 변하지 않은 채 언제까지나 그대로 있지는 않을 것이라는 사실이다.

외로움이 당신의 영혼을 갉아먹게 내버려두지 마라. 외로움은 삶의 의욕을 고갈시킨다. 죽고 싶다는 생각이 들 때 당장 휴대폰을 켜서 누구에게든 도움을 요청하라. 당신 곁에 있어줄 사람은 당신이 생각했던 것보다 훨씬 많다.

나는 대학교에 다닐 때 서울에서 외할머니와 단 둘이 생활했다. 할머니는 잘 걷지 못하셨다. 그래서 늘 할머니의 발이 되어드렸다. 업고서 시장에도 모시고 다니고 먼 지방까지 버스도 함께 타고 다녔다. 수업과 아르바이트만 끝나면 바로 집으로 와서 글도 가르쳐드리고 대화 상대도 되어드렸다. 돌이켜보면 할머니는 대학 시절 내내 나의 유일한 친구였다. 졸업 후 회사 생활을 하던 어느 날 가족들에게서 벼락같은 연락이 왔다. 할머니가 농약을 드시고 자살하셨다는 것이다. 더 추해지는 모습 보이고 싶지 않으셨던 거다. 태어나서 그렇게 많이 울어 본 적이 없었다. 젊은 날 나의 유일한 친구가 그렇게 덧없이 가시다니…. 자살이 남겨진 가족과 벗에게 얼마나 크나큰 상처를 주는지 생각해본다면 그들을 위해서라도 살아야 할 이유는 분명히 있다.

성서에서는 인류가 처음 무지개를 본 게 큰 홍수 이후 노아가 방주에서 나왔을 때라고 한다. 노아가 오랜 시간 동안 방주 안에 갇혀 지내면서 처절한 외로움과 인고의 시간을 이겨내지 못했다면 다시 땅 위에 서서 하늘을 수놓은 무지개를 감격스럽게 바라볼 수 있었을까? 빛이 없다고 생각되는 우리의 미래도 지혜롭게 이겨낸다면 분명히 어둠이 걷히고 무지개와 같은 희망을 볼 수 있을 것이다.

그저 힘내라는 식으로 의미 없고 무책임한 격려는 하지 않겠다. 다만 고난 없이 사는 사람은 없으며 이 책을 통해 당신의 문제가 혼자만의 문제가 아니라는 점을 깨닫기 바란다. 모두가 자신이 가장 힘들다고 생각하면서 살아가고 있다. 이런 의미에서도 당신은 결코 혼자가 아니다. 그러니, 딱 10년만 더 살아보시길.

살다 보면 고난이 생기기도 하고 없어지기도 한다.
물론 어떤 문제들은 넘지 못할 산처럼 보일지 모른다.
하지만 참을성을 갖고 지켜보다 보면
상황은 변하기 마련이며 좋은 쪽으로 변할 때가 많다.
전혀 예상치 못했던 방법으로 문제가 완화될 수도 있다.
생각지 못했던 대처 방법이 나타날지도 모른다.

요점은 고통스러운 문제가 변하지 않은 채
언제까지나 그대로 있지는 않을 것이라는 사실이다.

TV, 스마트폰에게 빼앗긴
마음속 공간

눈 덮인 지리산을 홀로 종주해본 적이 있는가?

무릎까지 빠지는 눈 산을 걷다 보면 한순간에 눈이 모든 소음을 먹어버려서 세상이 멈춘 듯 조용해질 때가 있다. 그 적막함이란 너무나 특별한 것이어서 다른 행성에 와 있는 듯한 착각마저 일으킨다. 그때 난생 처음 내 심장 소리를 내 귀로 들어봤다. 사람이 자신의 심장 소리를 들을 수 있다는 걸 그때 알았다.

중국과 인도 사이에 있는 부탄이란 나라에서는 놀랍게도 1999년까지 TV를 못 봤다. 부탄의 왕 지미 싱게 왕축Jigme Singye Wangchuck은 법으로 그 나라에서 TV를 아예 못 보게 했다. 그는 TV가 인간의 가치관을 훼손할 것이라 생각했다. 법이 오래 가진 못했다. 결국 1999년 금지

령이 철폐되고 TV 시청이 가능해지자 엄청난 변화들이 생겼다. 폭력, 절도, 약물 남용에 대한 보고가 미친 듯이 기하급수적으로 증가했다. 모방 범죄도 증가했다. 사회가 시끄러워졌다.

TV 소음은 우리의 주체를 흔든다. 그 소음이 없다면 내면의 소리에 더 집중할 수 있다. 현대인은 집에 들어오면 제일 먼저 TV 리모컨을 찾는다. 호주 사람들은 참 일찍 잔다. 보통 9시나 10시면 잠자리에 든다. 한국인은 12시가 넘어야 잔다. TV를 보는 거다. 그렇게 눈과 귀를 TV에게 뺏겨서 우린 빈털터리가 됐다.

1991년부터 시작되어 폭발적 인기를 누리던 '제리 스프링거 쇼The Jerry Springer Show'의 사회자인 제리 스프링거는 한해 출연료 60억 달러를 받으면서도 정작 인터뷰에서는 "나는 내 쇼를 절대 보지 않는다. 그건 그저 멍청한 쇼일 뿐"이라고 스스로 자기가 진행하는 TV 프로의 무익함을 까발렸다.

CJ에 근무할 때 일이다. 계열사 케이블 채널에서 쇼호스트 지망생들이 배틀을 벌여 최종 1인까지 남는 서바이벌 프로그램을 진행했다. 그런데 악마의 편집이 시작됐다. 작가는 지원자들에게 계속 서로를 헐뜯고 욕하라고 주문하면서 그렇게 안 할 때는 불이익을 주겠노라 으름장을 놓았다. 이 사실을 한 지원자의 고백으로 나중에 알게 됐다. 강요에 의해 헐뜯었다는 것을. 이런 기만적 TV를 당신은 어떻게 생각하는가?

오랜 기간 동안 외로움에 관한 설문을 진행해왔다. 사람들은 외로움을 이겨내고 해소할 수 있는 방법으로 TV 시청을 가장 많이 꼽았다. 그러나 연구자들은 외로울 때 선택하게 되는 가장 해로운 일 중의 하나가 바로 장시간 TV를 시청하는 것이라고 결론짓는다. 그것은 사람을 수동적으로 만들고, 권태감을 느끼게 하며, 쓸모없는 환상에 빠지게 하므로 다른 사람과의 직접적인 교류를 자신도 모르게 파괴한다. 외로움의 해결 방법으로 선택한 TV가 오히려 외로움의 근원인 셈이다.

TV가 외로움의 근원이 될 수밖에 없는 이유는 간단하다. TV 속 세상은 현실과 다르게 과하게 신나 있다. TV 속의 사회는 지나치게 유쾌함을 강조한다. 우리의 애달픈 삶과 너무나도 동떨어져 있다. 그걸 보노라니 TV만큼 행복하지 않은 내 현실이 슬프고 외롭게만 느껴진다. TV 속 세상은 가장 아름답고 정갈하게 편집되어 있다. 하지만 내 현실은 편집이 안 된다. 궁색하고 참 없어 보인다. 그 괴리감이 외로움을 낳는다.

그러면 TV에 나오는 방송인들은 행복할까? 방송아카데미 제자들 중 방송계로 진출한 10명을 인터뷰했다. 현직에서 활발하게 활동 중인, 소위 지금 잘나가는 개그맨 1명, 드라마 연기자 1명, 아나운서 1명, 쇼호스트 6명이었다. 늘 대중 앞에서 밝고 행복한 모습만 보이는 이들의 속마음 상태는 어떨까? 그들의 현재 속마음은 역설적이게도 다음과 같았다.

- 미래에 대한 불안감으로 두렵고 힘들다. 10명(100%)

- 겉으로 보이는 나의 모습은 100% 포장된 것이다. 10명(100%)

- 지독하게 외롭고 우울하다. 8명(80%)

- 때때로 진짜 죽고 싶다. 6명(60%)

입이 다물어지지 않을 정도로 격한 기쁨을 체험해야만 행복한가? TV는 위장이고 포장이다.

고백하자면, 쇼호스트로 일할 때 나 역시 더럽게 맛없는 음식을 먹으면서 까무러치게 맛있다고 방송한 적이 한두 번이 아니다. 발로 담가도 이거보다 낫겠다 싶은 김치 방송을 하면서 "엄마 김치보다 맛있어요!"를 외쳤던 기만적 기억들이 떠오른다. 이처럼 TV에 등장하는 이들은 있는 그대로의 자신이 아닌 연출된 자아를 표현한다. 그러니 나와 다른 TV에서 나와 같음을 찾으려 하지 마라. 외로울 때 TV를 찾는 건 비 오는 날 세차하는 격이다. 일시적 웃음만 줄 뿐 TV속 행복이 내 가슴에 스며들기는커녕 공허감만 다시 밀려온다. 나만 더 초라하게 느껴질 뿐이다. 외롭다면 TV를 꺼라.

스마트폰 얘기를 해보자. 고개를 들면 TV의 소음이, 고개를 숙이면 스마트폰 화면의 정적이 우리를 에워싸고 있다. 사실 요즘 TV보다 더 큰 문제는 스마트폰에 있다. 먼저 묻겠다. 당신은 스마트폰을 들여다보는 시간이 더 많은가? 주위 동료들과 얼굴을 맞대고 얘기하는 시간이 더 많은가? 귀가 아프도록 시끄러운 세상이지만 요즘 지하철을 타면 무섭도록 조용하다. 열이면 열, 모두가 스마트폰에 얼굴을 처박고 있다. 이토록 삭막하고도 차가운 침묵이라니! 현대인에게 스마트폰은 밥 같은 존재다. 눈은 스마트폰에, 귀는 이어폰에, 우리는 눈과 귀를 외로움의 기기로 틀어막는다.

현대인은 평균 22분마다 스마트폰을 확인하는 조급증이 있다는 기사를 봤다. 좀 더 확실하게 조사해봤다. 외환은행 직원 130명을 대상으로 1시간 분임 토의를 시켜놓고 몰래 체크했다. 그들은 진지하게 얼굴을 맞대고 토의하면서도 평균 8분 30초에 한 번씩 스마트폰을 확인했다. 새가 둥지를 찾아가는 모습만큼이나 자연스러웠다. 이제는 스마트폰으로 메일을 확인하고 업무 지시를 받는다. 스마트폰 때문에 노동과 휴식의 경계도 무너졌다. 당신은 휴대폰을 손에서 내려놓을 자신이 있나? 스마트폰과 컴퓨터를 끌 자신이 있나?

스마트폰에서 울리는 알람 소리를 들으며 눈을 뜨고, 잠자리에 누워 눈을 감기 직전까지 스마트폰을 들여다본다. 덕분에 사람과 얼굴을 마주한 정겨운 대화는 공중전화나 우체통처럼 점점 사라져만 간다. 스마트폰과 태블릿 PC로 무장한 덕분에 약속 시간 전에 연인을 기다릴 때도 그리움이나 설렘이나 복잡한 마음을 음미할 기회는 영영 사라졌다. 휴가를 가도 이메일을 열어보지 않고는 못 견디는 사람들이 많다. 군대를 다녀왔는데도 하루 종일 인터넷 보초를 서는 격이다. 그것도 자진해서 말이다.

스마트폰 강박은 정보 불안증에서 비롯된다. 사람들은 정보 불안증을 유발하는 멘트 1위로 "너 그거 몰랐어? 요즘 한참 난리인데."를 꼽았다. TV와 스마트폰이 현대인에게 선사한 정보 불안증은 너무 많은 정보에 비해 자신이 수용할 수 있는 양에 한계가 있음을 깨닫는 데서 비롯된다. 또한 남이 아는 만큼 나도 알고 있어야 한다는 강박도 한몫한다.[4] 정보 불안증에 걸린 사람들은 정보의 바다에 이미 빠져 있으면서도 아이러니하게 지식에는 더 굶주려간다.[5] 나는 여기에 사람을 추가하고 싶다. 정보 불안증은 사람에게도 굶주리게 한다. 동료들과의 대화에 끼기 위해서 TV를 켜고 스마트폰을 들여다보지만 아이러니하게도 그것들은 우리를 사람에게서 더욱 멀어지게 만든다.

〈워싱턴 포스트〉에 재미난 기사가 실렸다. "오늘날 스마트폰 1대는 1965년 북미 대공 방위 사령부 전체보다도 더 정보 처리 능력이 뛰어나다." 그러니 그 방대한 정보를 다 먹겠다는 생각은 버려라. 마치 뷔페에 가서 깔린 음식을 전부 다 먹어봐야만 한다는 강박과 같다. 놓쳐도 된다. 정보 불안증에 휩싸여 넘치는 정보를 작은 뇌에 다 담으려는 모습은 마치 골무로 소화전에서 미친 듯 뿜어져 나오는 물을 다 받으려고 애쓰는 것과 같다. 사실, 범람하는 정보가 과연 정확한지도 의문이다. 요즘은 전문가가 너무 많다. 뭐가 진실인지도 헷갈린다.

식품 방송을 하는데 한 요리사가 삼계탕에 넣은 대추는 기름을 흡수하니까 먹지 말라고 한다. 또 어떤 요리사는 풍미를 더할 뿐이므로 먹어도 괜찮다고 한다. 믹서기 방송을 하는데 한 요리사가 배의 씨에는 몸에 좋지 않은 물질이 있어 위험하다고 말한다. 또 다른 요리사는 상관없다고 말한다. 먹고 안 먹고를 떠나서 걱정하다 병들겠네.

칫솔 방송을 하는데 전문가로 나온 게스트가 양치 후 치약 성분이 남아 있으면 문제가 되니 충분히 헹구란다. 다른 전문가를 게스트로 모셨는데 이번에는 불소가 남아 있어야 충치 예방이 되니 많이 헹구지 말란다. 어느 장단에 맞추라구? 정보 쫓다 속 터진다. 이런 것을 '데이터 스모그data smog'라고 한다.[6] 오염된 정보다. 홍수가 나면 물은 오염된다. 정보가 홍수처럼 넘쳐나는데 질 좋은 정보가 과연 얼마나 있겠는가? 어느 연구에서 사랑의 유효 기간은 3년이라 했다. 내가 보기엔 웃기는 연구 결과다. 동서고금을 막론하고 인간의 영원한 감정을 무슨 잣대로 연구한 건가? 믿지 못하겠다.

한 연구는 노벨상 수상자들의 나라를 조사했더니 우유 섭취량이 많다는 공통점을 발견했다. 그래서 우유는 뇌에 좋은 영향을 준다는 연구 결과를 유명 학술지에까지 게재했다. 그 나라 국민 전체의 우유 소비량이 많은 것과 그 나라에 살고 있는 노벨상 수상자의 우유에 대한 개인적 기호는 전혀 상관없지 않은가? 이런 잡음이 정상적 덕목과 생각의 소리를 막고 있다. 정보 자체가 지식을 전달해주는 건 아니다. 오히려 갈수록 정보 같지도 않은 것들이 정보인양 행세하는 일들이 늘어나면서 점점 더 어떤 것이 그릇된 정보이고 허위 정보이고 광고인지 구별하기가 모호해지고 있다.

뭔가 중요한 내용을 전달하는 것 같아서 봤는데 막상 아무 짝에도 쓸모없는 가십거리여서 시간만 버렸다고 생각했던 기억이 있을 것이다. 얼마나 많은 무가치한 정보에 낚이고 배신감을 느꼈는지 생각해보라. 우리는 쓸모없는 정보들을 위해 소중한 시간을 낭비하고 있다. 인터넷에 정보들이 올라오는 양과 속도는 나의 생활 속도를 비웃듯 앞지를 수밖에 없다.

정보 폭발 시대다. 폭발 소리는 제대로 된 정상적인 소리를 못 듣게 한다. TV와 스마트폰의 정보는 내가 마땅히 누려야 할 삶의 평화를 전혀 고려하지 않는 수준으로 무자비하게 쏟아지며, 참된 지식과 진실한 관계를 마비시킬 정도로 일상을 마비시킨다. 이 점을 꼭 기억하길. 당신이 그렇게 불안감에 시달리며 TV와 스마트폰의 미로 속에 갇혀 눈과 귀와 입을 막고 있을 때마다 사람을 들일 수 있는 마음속 공간은 점점 더 줄어들 것이다.

안 되는 것을
내려놓을 수 있는 용기

물수리는 곧잘 물에 빠져 죽는다고 한다. 왜 일까? 애들은 자기가 한번 발톱으로 꽉 움켜쥔 물고기는 절대 놔주지 않는다. 그런데 과욕을 부려 너무 큰 물고기를 잡으면 더 이상 날아갈 수가 없게 되고, 수면 위에서 허덕이다가 그대로 물에 빠져 죽는 것이다. 그냥 놔버리면 될 텐데….

세일즈 컨설팅을 할 때 의뢰사의 제일 많은 요청은 영업 현장에서 '고객의 거절을 극복하는 방법'이다.

한 증권사에서 의뢰가 들어왔다. 영상을 보고 컨설팅을 해달라는 거다. 영상은 사무실에 몰래카메라를 설치해놓고 실제 애널리스트와 고객의 상담 장면을 녹화한 것이었다. 애널리스트는 처음 명함을 건네면서부터 우호적인 미소를 지으며 따뜻한 인사를 건넸지만 반대로 고객은 이미 신체 언어부터가 반항적이다. 팔짱을 낀 채 고개를 숙이고 상담 내내 스마트폰만 만지작거리며 딴 짓만 하다가 애널리스트가 질문을 던지면 겨우 툴툴거리며 몇 마디 대꾸할 뿐이다. 증권사는 영상을 다 본 나에게 이제 이 고객을 어떻게 설득해야 할지 알려달라고 의뢰했다.

딱 한 마디 해드렸다.

"포커에서도 버리는 카드라는 게 있잖습니까? 저런 고객은 그냥 버립시다."

이런 경우에 고객의 마음을 돌리는 방도는? 미안하게도 없다.

안 되는 건 안 되는 거다.

아닐 때는 집착하지 말고 과감히 털 줄 알아야 한다. 그 정도의 강성 고객이라면 내 머릿속 지우개로 지워버리고 다른 고객을 찾는 게 답이다.

지금부터 나와 재미난 내기를 해보자. 물론 내가 이긴다. 정확히 1분 동안만 하얀 북극곰을 생각하지 말아보라. 당신이 성공할 확률은? 0%다. 생각하지 않으려고 하면 할수록 북극곰은 콜라병을 들고서 당신의 머릿속을 온통 헤집고 다닌다. 생각은 버리려고 할수록 눈덩이처럼 커진다. 생각을 안 하려고 하는 것도 생각이기 때문이다. 이를 극복하려면 생각을 버리려 애쓰지 말고 마음을 털듯 아무렇지 않게 내려놓아야 한다.

집착은 마치 모기 물린 자국을 계속 긁어대는 꼴과 같다. 긁을수록 더 부어오를 뿐이다. 잠자코 놔둬야 가라앉는다. 노력의 허망함을 처음 느낀 건 어린 시절 아버지가 사주신 도미노였다. 형과 둘이서 하루 반나절을 걸려 세워놓은 도미노가 거의 마지막에 가서 번번이 무너질 때 어린 내 마음도 무너졌다. 노력은 때론 허망함으로 돌아오는구나. 공든 탑도 무너지네.

공든 노력이 아무것도 해결해주지 못한다고 믿을 때 회의주의자가 되고, 공든 노력이 내 모든 것을 파괴해버린다고 믿을 때 허무주의자가 된다. 세상은 녹록치 않고 공명정대하지도 않다. 나보다 늦게 시작하고 나보다 못난 사람이 나를 앞서가고 내 성공을 낚아챈다. 이 불공평함에 울분을 터뜨려도 알아주는 이는 없다. 어차피 우리는 쏟아 부은 노력의 절반도 돌려받지 못하는 인생을 살아간다.

'성공은 가끔, 실패는 자주.' 이 말을 기억한다면 노력으로 잃은 시간과 자산을 보상받고자 하는 집착도 내려놓을 수 있다. 방송 지망생들을 보면 하나같이 시간을 정해놓고 도전한다. '내년 말까지 도전해보고 안 되면 접자.' 이런 식이다. 이렇게 '시간을 정하고 지켜보자는 식의 태도 wait-and-see attitude'는 참 위험하다. 대개 실패할 확률이 높고 실패하면 그 실망감은 몇 배가 되기 때문이다.

미국의 아웃사이더 작가이자 저항의 아이콘 찰스 부코스키Charles Bukowski의 묘비명에는 'Don't try.(애쓰지 마라.)'라고 새겨져 있다. 애쓸 때는 애써야 하지만 애써도 안 되는 것은 손에서 내려놓을 줄 아는 것이 나를 더욱 행복하게 만드는 길이다. 한낱 미물인 사자도 배부르면 사냥을 멈춘다. 집착을 멈추는 연습이 필요하다. 비만은 신체 상태를 보여주지만 집착은 정신 상태를 보여준다. 비만을 바꾸려면 운동exercise이란 연습exercise이 필요하듯 정신의 변화에도 연습이 필요하다.

중국 당나라 때의 조주선사趙州禪師는 이렇게 말했다.

방하착放下着.

'모든 집착을 내려놓으라'는 뜻이다.

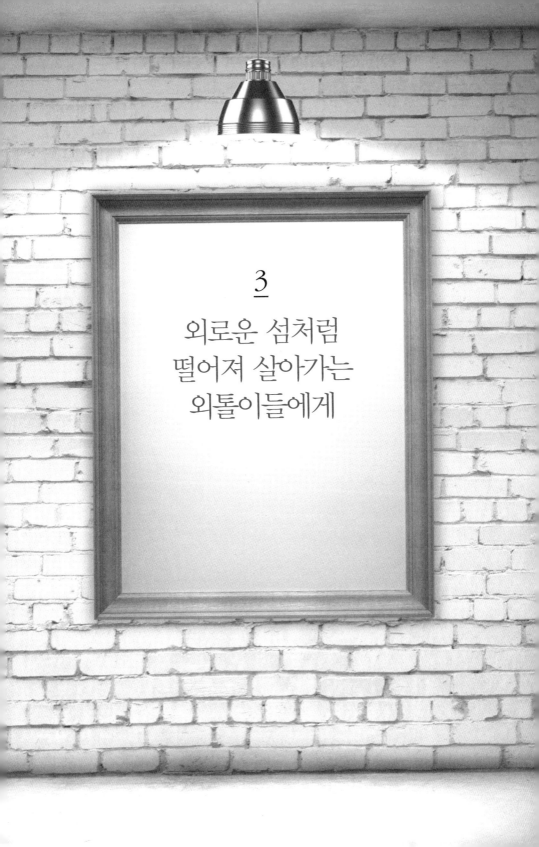

3

외로운 섬처럼
떨어져 살아가는
외톨이들에게

나 혼자 산다는 것의
공허

      '화려한 싱글'이란 말이 한국에 처음 등장한 건 1994년이다. 뉴질랜드의 칼럼니스트 헬렌 브라운Helen Brown의 책 《나는 초라한 더블보다 화려한 싱글이 좋다》가 출간되면서 독신 신드롬이 휘몰아쳤다. 현대경제연구원에 따르면 2015년 우리나라의 1인 가구는 약 500만을 넘었다. 1980년만 해도 1인 가구가 전체 가구의 5%를 밑돌던 걸 생각하면 엄청난 증가를 보인 셈이다. 통계청은 1인 가구의 증가 추세가 가팔라 2035년이 되면 35%(762만 8000가구)에 가까워질 것이라고 내다봤다. 통계로 따지면 4가구 중 1가구가 1인 가구지만, 황혼이혼이나 기러기 아빠처럼 이런저런 형태까지 더하면 그 수는 더 늘어날 것이다.

전 세계 분위기도 그렇다. 대한무역투자진흥공사KOTRA의 조사에 따르면 전 세계의 1인 가구 수는 지난 2013년 2억 6000만 가구에서 3억 가구를 향해 가파르게 증가하고 있다. 국가별 1인 가구 비율을 보면 미국이 전체의 26.7%, 영국은 29%였다. 북유럽은 많게는 전체 가구의 40% 정도가 1인 가구로 나타났다.

고독사나 은둔형 외톨이라는 사회 문제가 동시에 존재하고는 있지만, 어쨌거나 이제는 혼자 사는 사람들에게 부정적인 편견을 가지고 있던 시대는 지났다. 여기저기 소형 가전에 소량 식품 판매가 고개를 내밀고 솔로 마케팅이 늘고 있다. 혼자 밥 먹어도 어색하지 않도록 칸막이가 쳐진 식당들이 늘고 있다. 혼자 즐기는 1인 노래방부터 혼자 술 마셔도 전혀 부끄러울 것 없는 1인 주점까지 생겨나고 있다. 이처럼 화려한 싱글은 오히려 위축된 소비 시장에 활력을 불어넣고, 새로운 시장을 형성하는 주체로 떠올랐다. 내 주변에도 '나홀로족'이 미친 속도로 늘고 있다.

한국인의 절반(56.8%)은 혼자 논다.[1] 혼자 TV를 보고(1위), 혼자 인터넷을 하고(2위), 혼자 산책을 하며(3위), 혼자 게임을 한다(4위). 골든 듀 직원 80명을 대상으로 혼자 놀기의 진수를 보여달라고 했다. 온갖 종류의 외로움을 섭렵해 외로움의 최강자들이라 자처하는 이들의 혼자 놀기 방법은 다양했다.

혼자 영화보기는 하수 수준이었다. 혼자 삼겹살집에 가봤다, 혼자 찜질방에 가봤다, 혼자 스키장에 가봤다, 혼자 볼링장에 가봤다, 혼자 탁구장에 가봤다(이게 어떻게 가능하지?) 등 다양했다. 혼자 놀면 편할까? 2014년 한국보건사회연구원의 조사에 따르면 1인 가구의 생활 만족도는 나이가 들수록 현격히 떨어지는 것으로 나타났다. 젊을 때는 혼자여도 삶이 충분하고 만족스럽지만 나이가 들어갈수록 만족도가 떨어진다는 말이다.

표준협회에 강의를 갔는데 대부분 성공한 중소기업 CEO들이었다. 그들 중 독신에게 물었다. "화려한 싱글을 즐기고 계신지요?" 많은 답변이 쏟아졌다. 열심히 살았다, 같은 나이의 친구들이 가정에 충실할 때 일에 충실했다, 가정에 헌신할 때 돈에 헌신했다, 돈도 모으고 집도 장만하고 경력도 쌓았다…. 하지만 마지막에 덧붙인 대답이 인상적이었다. 스스로 생각했던 독신은 딱 여기까지였다고 깨우치는 나이가 어느 순간 찾아왔다는 것이다. 그때부터 밀려온 공허감과 외로움은 대응할 수 없을 정도로 강렬한 것이었다. 한 레미콘 회사 대표는 이렇게 말했다. "젊을 때는 혼자 있는 모습이 광야에서 고독을 즐기는 재규어처럼 근사하게만 보였는데 나이 들어 식당에서 혼자 밥 먹는 지금 모습은 그리도 궁상맞아 보일 수가 없네요."

나 역시 '나홀로족'과 크게 다르지 않은 삶을 살고 있다. 나는 썩 괜찮은 넓은 집에서 혼자 산다. 집 현관을 나와 엘리베이터만 타고 내려가면 입주민만 이용할 수 있는 호텔급 수영장, 헬스장, 골프장이 나온다. 이렇게 생활은 풍요로운데 가슴은 늘 비어 있다. 허전하다. 비오는 날 연인이 걸어간다. 우산 하나는 접은 채 작은 3단 우산을 함께 쓰고 가면서 "자기 안 젖었어?"라며 걱정해주는 연인의 뒷모습을 본다. 큰 우산을 혼자 쓰고 있는 나는 그들 뒤에서 부러워 죽는다. 큰 골프 우산 밑에서 비 한 방울 안 맞고 가는 내가 물리적으로는 승자 같지만 어깨에 비를 맞으며 걷고 있는 연인의 뒤에서 그들을 부러워하고 있는 나는 왠지 감정적 패자 같다. 나는 나를 싱글이라 부르지만 주변에선 독거인이라 부른다.

이렇게 혼자 사는 사람들에게 반드시 따라붙는 감정이 바로 외로움이다. 나는 3년에 걸쳐 계절이 바뀔 때마다 어느 계절에 가장 외로움을 타는지 조사했다. 그런데 이런 이상한 결과도 있나? 각 계절마다 결과가 달랐다. 봄에 물었을 때는 봄이 가장 외롭다고 답했고 여름에 물었을 때는 여름이 가장 외롭다고 했으며 가을에 물었을 때는 가을이 가장 외롭다고 답했다. 어느 계절에 물어도 그 계절이 가장 외로운 계절이었다. 결국 사계절 내내 외롭다는 말 아닌가?

만성적 외로움chronic loneliness을 느끼는 사람들이 있다. LG, 롯데, 동부그룹 등 548명을 대상으로 조사해본 결과 39%, 즉 10명 중 4명은 만성적 외로움에 시달리고 있었다. 극심한 고독acute isolation을 겪고 있는 사람도 27%, 즉 4명 중 1명이나 됐다. 스페인어로 외로움을 솔레다드Soledad라고 하는데, 재미난 건 스페인 사람들 중에는 이름이 솔레다드인 사람들이 있다는 것이다. 자신을 한마디로 표현하자면 본인 이름만큼 외로움 그 자체인 분들이다.

시작도 증상도 순서도 방향도 모른다. 외로움은 한순간 거침없이 몰려와 따개비처럼 달라붙어 나를 성가시게 군다. 마음의 준비도 안 되어 있는데 내 마음속 가장 깊은 곳에 똬리를 튼 채 자리 잡고 있다. 만성적 외로움을 겪는 사람들의 마음속에는 외로움이란 놈이 떳떳이 들어와 화석처럼 굳어버린 지 오래였다.

뼈를 깎는 고통이란 표현이 있다. 사실 뼈는 고통을 모른다. 뼈를 감싼 신경이 아픈 거지. 마찬가지로 만성적 외로움을 느끼는 사람은 외로움 자체보다 외로움이 빚어내는 주변 감정들 때문에 더 힘들어한다. 자기 비하를 자주 하는 경향도 강했다. 응답자 중 대다수가 '나는 매력이 없는 사람', '재미가 없는 사람', 심하게는 '쓸모없는 사람'이라는 생각을 늘 지니고 있었다. 꼭 돈이 없어서가 아니라 자신이 너무나 초라하게 느껴진다고 답하는 이들이 참 많았다.

다 큰 성인은 감기에 걸려도 별로 걱정하지 않는다. 지나가는 거니까. 그런데 감기 증세가 예상보다 길어지면? 겁이 슬슬 나기 시작한다. 감기가 아닌가 봐. 뭔가 심각한 병이면 어쩌지? 걱정된다. 외로움을 느낄 때도 마찬가지다. 대부분의 외로움은 일시적이다. 하지만 외로움이란 감정이 조금이라도 오래 지속된다면 왠지 벗어날 수 없을 것만 같다. 외로움이라고 불리는, 거침없이 밀어닥치는 강렬한 감정의 소용돌이가 두렵다. 자신을 과대평가하는 것도 문제지만 과소평가하는 것도 주의해야 한다. 만성적 외로움은 자기 학대에서 비롯될 수 있기 때문이다.

경피증이라는 병에 대해 아는가? 경피증이란 피부가 딱딱하게 굳어지는 병을 말한다. 마음속에 뿌리내린 외로움은 마치 경피증에 걸린 것처럼 내 마음을 딱딱하게 만든다. 차이가 있다면, 굳은살은 감각을 느끼지 못하지만 마음은 딱딱해졌어도 여전히 아프다는 것이다. 외로움은 우울증보다 무섭다. 우울증은 의사에게 진료를 받을 수 있고 약도 처방받을 수 있다. 하지만 외로움에는 약이 없다. 의사에게 "외로워서 왔어요."라고 말하지도 못한다.

외로움이 내 삶을 지배하고 나를 마음대로 조종하지 않을까, 그래서 실수하지 않을까, 결국 내 삶이 서서히 침몰하지 않을까 더 이상 두려워하지 마라. 외로움이 새처럼 내 마음속을 헤집고 날아다니게 해도 된다. 하지만 절대 내 마음에 둥지를 짓게 해서는 안 된다. 만성적으로 뿌리를 내리게 해서는 안 된다는 말이다.

실제로 외로움이 건강에 어떤 영향을 미치는지에 대한 연구 결과도 있다. 캘리포니아 대학의 심리학자 사라 프레스만Sarah Pressman은 외로움을 자주 느끼는 사람과 인플루엔자 바이러스에 대항하는 면역력과의 관계를 조사한 뒤 외로울수록 면역력이 떨어진다는 결과를 얻었다.[2] 외로움이 현재의 나를 괴롭힐 뿐만 아니라 미래의 건강까지 갉아먹는다는 점을 생각해보면 이 결과를 쉽게 무시할 수 없을 것이다.

혼자 사는 것이 좋다 나쁘다로 평가될 수는 없다. 다만 혼자 사는 사람들에게 좀 더 세차게 몰아닥칠 수 있는 외로움이라면, 자기 비하나 과소평가보다는 자중심self esteem을 갖고 외로움이 더는 깊이 파고들지 못하도록 해야 한다. 그래야만 나 혼자 살 때 이따금 엄습해오는 막막한 공허감에 짓눌리지 않고 충만한 삶을 살 수 있을 테니까.

시작도 증상도 순서도 방향도 모른다.
외로움은 한순간 거침없이 몰려와 따개비처럼 달라붙어
나를 성가시게 군다.

마음의 준비도 안 되어 있는데
내 마음속 가장 깊은 곳에 똬리를 튼 채
자리 잡고 있다.

'갑질'의 덫,
을의 모멸감에서 해방되기

　　세계 인권 선언 제1조는 이렇게 시작된다. "모든 인간은 태어날 때부터 자유롭고 동등한 존엄성과 권리를 가지고 있다." 이 글을 주변의 직장인들에게 보여준다면 반응은? 강아지 풀 뜯어 먹는 소리라고 받아친다. 그렇게 대답하는 얼굴에 깊은 근심이 보인다. '어차피 사회에 첫발을 내딛을 때부터 '갑'이 만든 시스템에서 '을'이라고 도장 찍힌 우리인걸.'

　　그런데 그거 아는가? 당신이 홈쇼핑이나 통신사에 전화를 걸어 상담원과 이야기를 하고 당신이 먼저 전화를 끊지 않는 이상 상담 직원은 전화를 끊을 수 없도록 시스템 되어 있다는 것을. 그래서 가끔 당신이 전화를 끊지 않으면 저쪽에서 "고객님이 먼저 전화 끊어주세요."라고 요청하는 이유가 여기에 있다. 상담원이 먼저 전화를 끊을 수 없게 되어 있다는 점을 악용해서 한오백년 수화기 붙잡고 끝없이 그들을 괴롭히는 저질 고객도 있다.

　모자를 쓰고 유니폼을 입는 직업은 통제된 집단이다. 군인, 요리사, 마트 직원, 스튜어디스, 경비원 등 모자를 쓰고 일한다는 것은 규율과 규칙의 틀에 억압된 집단이다. 대부분이 그런 틀 속에서 오랜 시간 동안 갑의 방침대로 행동하다 보니 티브로드라는 유선사업자 회사에서 전화 상담원으로 일하는 한 여성은 자신의 집으로 걸려온 전화를 받자마자 "여보세요."가 아니라 "사랑합니다. 아무갭니다."라고 외쳤다고 말했다. 또 다른 상담원은 집에 찾아온 우체부가 "아무개 씨 맞습니까?"라고 물어보자 "네. 맞습니다. 고객님." 하고 대답했다. 이마트 본사 MD를 대상으로 강의를 갔다가 성수동점 마트 계산원의 얘기를 직접 들었다. 쉬는 날 자주 가는 찜질방에서 땀을 빼고 있는데 한 아주머니가 "여기 화장실 어딘지 아세요?"라고 묻자 자신도 모르게 "저쪽입니다. 고객님."이라고 답했다고 털어놨다.

　그렇다. 눈치와 억압 속에서 일하고 있는 우리 주변의 수많은 '을'들은 현실에서도 가정에서도 평범한 자기 자신으로 쉽게 돌아오지 못한다. 누가 말이라도 걸면 파블로프의 개처럼 조건 반사를 하게 되는 거다. 똑같은 의류 브랜드도 남들은 '갭GAP'이라 읽는데 을들은 '갑GAP'

이라 읽는다.

라디오를 듣는데 진행자가 가수 조PD 음악을 틀어주기 앞서 "조PD님께서 부르십니다."라고 소개하더니 "오호호. 나도 모르게 피디님이라네."라며 멋쩍게 웃는다. 방송의 갑 PD에 대한 출연자 을의 몸에 밴 낮은 자세다. 어느 날 내 세무사가 말했다. "저는 무릎이 닳아서 없어요. 국세청 들어갈 때부터 무릎 꿇고 들어가거든요." 을의 무덤덤한 토로다.

대리 기사들은 손님을 그저 '손'이라고 부른다. '님'자 붙이기 싫어서 그렇다. 여자 손님은 '여손', 양아치 같은 손님은 '양아손', 그나마 매너가 있는 손님은 '매너손'이다.

대리 기사는 대표적인 만인의 을乙이다. 빨리 오라고 닦달해서 미친듯 달려가면 이미 다른 기사 불러서 떠나버리고 없을 때도 있다. 미안하단 말을 기대하는 건 사치다. 목적지까지 가는 길에도 어린 손에게 반말과 푸념을 들어가며 오만 진상을 다 받아주고 비위 맞춰주면서 단돈 몇 만 원에 종노릇을 해야 한다.

끊이지 않는 갑의 횡포는 하루 이틀 된 문제가 아니다. 대한항공의 '땅콩 회항' 사건처럼 우리 사회의 많은 갑들이 노동자에게 심한 모멸감을 주고, 감정노동의 굴레에서 벗어날 수 없다는 고립감과 좌절감을 안겨준다. 사람에게 해서는 안 될 일을, 우리 시대의 갑들은 태연하게 하고 있다.

"교묘하게 숨겨진 덫이 도사리고 있지 않은 권력이란 없다." 19세기 한 시인이 한 말이다. 권력을 가지면 남용하게 된다는 말이다. 갑의 폭정이다. CJ에 근무할 당시 방송동 7층 건물은 엘리베이터가 단 한 대뿐이다. 어느 날 그룹 회장이 온다고 하자 3시간 전부터 그 누구도 엘리베이터를 이용하지 못하고 수백 명의 직원이 계단으로 다녀야 했다. 오직 회장 한 사람의 전용 엘리베이터가 된 것이다. 사실 CJ는 건전한 기업 문화를 수평 구조로 만들자고 직위를 떼고 이름에 '님' 자를 붙인다. 과장님, 부장님은커녕 지위가 회장이어도 장문정 님이라고 불러야 한다. 참 웃긴다. 기업 문화를 그렇게 내세우면서 한 사람의 갑을 위해 모든 종업원들을 계단으로 오르내리게 만드는 꼴이란.

이런 불합리함을 보면서 그래도 다들 찍소리 안 하고 일하는 걸 보면 참 신기하다. 하긴 을이 어디 감히 갑에게 대들겠는가? 소비자 심리 전문 연구 기관인 마인드랩 인터내셔널Mindlab International을 만든 데이비드 루이스David Lewis 박사는 휴일에 직장 상사에게 걸려오는 전화가 번지 점프하기 전의 공포보다 더 두렵다는 조사 결과를 발표기도 했다. 그만큼 을에게 갑은 두려운 존재다.

뉴욕 브루클린에서 차를 타고 5시간 정도 달려 워싱턴에 간 적이 있다. 스미스소니언 박물관에 있는 홀로코스트 기념관을 보기 위해서였다. 충격이었다. 유대인 600만 명을 죽였다니. 그런데 거기서 처음 알게 된 사실이 있다. 나치가 멀쩡한 유대인뿐만 아니라 노동 능력이 떨어진 환자나 장애인들도 20만 명 이상이나 죽였다는 사실을. 지금 우리의 현실과 어딘가 닮은 데가 있는 것 같다. 이 사회도 실적이 떨어지면 노동 능력이 떨어지는 것으로 여겨 가차 없이 죽이지 않는가? 목숨을 앗아가는 죽음이 아닐지라도 그것은 엄연히 사회적 죽음을 선고하는 것이다. 그래서 오늘도 을은 온갖 모멸과 핍박을 받으면서도 군소리 없이 달린다. 나는 우리가 마주하고 있는 노동 현실에서 수많은 '을'의 모멸감을 만난다. 갑을 관계에서 어떨 때 모멸감을 받았는가? 이마트, 롯데마트 직원 100명에게 물었다.

1위 고객의 몰지각하고 안하무인적인 태도와 말
2위 고용주 또는 상사의 무식하고 비인격적인 태도와 말
3위 열악한 노동 환경과 처우

모욕감을 당사자에게 표출한 적 있느냐는 질문에 열에 아홉은 없다고 했다. 그 이유가 무엇인지 물어보니 이구동성으로 답했다.
"말한다고 달라질게 없으니까."

그만큼 을은 단념 속에 묵묵히 일하고 있다. 굶주린 아이의 밥그릇을 뺏는 사람은 없다. 그러나 갑들은 얼마 남지 않은 비정규 계약 기간의 삶 속에서 어떻게든 먹고살아보겠다는 을의 밥그릇을 매몰차게 뺏는다. 을의 시구詩句는 '눈물'이다. 을은 후천적 벙어리다. 슬픔이 깊어 고통조차 말 못하는 벙어리. 안으로 안으로 곪고 곪아버린 상처 때문에 입을 열면 악취가 날 것 같아 더는 입을 열 수 없는 벙어리…. 을이 어쩌다 내뱉는 말은 멍든 심장의 고동소리다. 아픈 가슴을 안아줄 사람은 없다. 꿀 먹은 벙어리는 꿀이라도 먹었으니 억울하지는 않을 텐데 먹은 것도 없이 벙어리로 지내려니 속만 탄다.

미국 역사박물관에는 사구아로Saguaro라는 선인장 모형이 전시되어 있다. 강인한 미국의 정신을 상징하기 때문에 법으로 가져올 수 없게 되어 있기 때문이다. 애리조나 주 사막에 사는 사구아로 선인장은 200년을 넘게 산다. 2~3년 비가 안 내려도 끄떡없이 버티고, 흙먼지와 타는 열기가 계속되는 열악한 환경 속에서도 꿋꿋이 살아남는다.

미국에서도 이 식물을 꽤나 아끼는 모양이다. 한때 애리조나 주 법은 이 선인장을 자르면 징역형에 처해졌을 정도였다. 그런데 허무하게도 이 선인장은 십수 년에 한 번 비가 많이 오면 물을 너무 많이 머금다가 몸통에 가득 찬 물 무게 때문에 뿌리째 뽑혀서 넘어진다. 가뭄이라는 한 가지 위험에만 대비했기 때문이다. 200년을 살면서도 변화에는 대처 못했다니 다소 미련한 생명일세….

모든 것은 항상 변한다. 헤라클레이토스는 "이 세상에 변치 않는 것은 단 하나, 모든 것이 변한다는 사실 하나뿐"이라고 말했다. 200년 모진 세월을 버틴 선인장이 한순간에 어이없는 이유로 쓰러지는 최후가 꼭 우리의 인생과 같다는 생각이 들었다. 당신은 을의 인생으로 살아오면서 산전수전 다 겪으며 사구아로 선인장처럼 꿋꿋이 버텨왔다. 사구아로 선인장 같은 헛된 최후를 겪지 마시고 끝까지 버티시길.

당신이 사자냐, 사슴이냐는 중요하지 않다. 사자든 사슴이든 매일 눈을 뜨면 둘 다 미친 듯 달려야만 하는 사정은 똑같으니까. 지치는 건 양쪽 다 똑같다. 포식자도 피식자도 미친 듯이 달려야만 하는 시대다.

"뿌리 깊은 나무는 바람에 흔들리지 아니한다."라는 말이 있다. '갑질'이라는 바람에 흔들리지 마라. 처참하게 무너진 자존감을 다시 곧게 세워야 한다. 봄부터 가을까지는 온통 아름다운 꽃과 푸른 잎으로 치장한 나무들이 만발한다. 이때 소나무와 잣나무의 푸름은 눈에 띄지 않는다. 하지만 찬 서리가 내리고 겨울이 다가오면서 모든 나무의 잎이 누렇게 떨어지고 나면 소나무와 잣나무의 한결같은 푸름이 눈앞에 드러난다. 겨울이 온 다음에 소나무와 잣나무의 푸름을 알 수 있듯이 시련이 닥쳤을 때 당신의 진가가 더 드러나게 하라. 모진 겨울에도 꺾이지 않고 푸름을 뽐내는 송백의 지조처럼 굳건한 마음과 태도를 가지고 을의 설움을 과감하게 떨쳐내라. 갑을 위해 끌려 다니는 을이 아니라 당신 자신이 오롯이 당신의 것이 되도록 하라.

벌써 을의 모멸감에서 해방되는 소리가 들리는 것 같다!

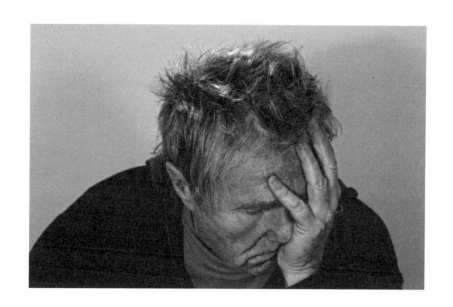

우리 사회의 많은 갑들이 노동자에게
심한 모멸감을 주고,
감정노동의 굴레에서 벗어날 수 없다는 고립감과
좌절감을 안겨준다.

사람에게 해서는 안 될 일을,
우리 시대의 갑들은 태연하게 하고 있다.

'나를 위해서'가 아니라
'그를 위해서' 만나라

어느 날 출근해보니 내 자리에 한눈에 봐도 제법 비싸 보이는 난초 화분 하나가 놓여 있었다. 웬 난초지? 자세히 들여다보니 작은 카드가 한 장 꽂혀 있었다. 거기에는 "형제도 없이 혼자서 자란 데다 사회 경험도 처음이고 부족한 점도 많으니 잘 부탁드립니다. OOO 엄마"라고 쓰여 있었다. 얼마 전 내 회사에 입사한 신입 사원의 어머니가 보낸 것이었다. 마치 아들을 초등학교 수련회에 보낸 부모 같았달까. 비슷한 일은 며칠 지나지 않아 또 생겼다. 또 다른 신입 사원의 부모에게 전화가 걸려왔다. 아들이 아파서 오늘 출근을 못한단다. "심한가요?" "열이 나네요." 전화 끊고 혼자 중얼거렸다. "직접 통화도 못 할 정도로 열이 나는군."

이 두 신입 사원의 공통점은 무엇일까? 얼마 안 가서 제 발로 퇴사했다. 이유가 가관이었다. 일이 힘들다, 막상 해보니 적성에 안 맞는 것 같다, 이런 일을 하려고 들어온 게 아니다…. 참을성과 인내는 온데간데없고 사소한 일에도 꼬박꼬박 논리를 펴며 늘 앓는 소리만 한다. 열린 부모 밑에서 자란 탓인지 작은 훈계에도 뚜껑이 열리더라. 내 회사 간판이 'MJ소비자연구소'라 박사들을 뽑은 건데 가방끈이 길어지면서 사회 끈기는 짧아진 것 같았다.

스펙만 화려하게 치장하느라 정작 사회 적응에 필요한 끈기는 부족한 사람들이 늘어나고 있다. 집이나 학교에서 잘한다, 잘한다, 칭찬만 받고 자란 아이들은 오히려 사회에서 성공하기가 힘들다는 연구 결과가 있다. '나만 아는 세상Me-First World'에서 자란 사람이다. 이들은 냉혹하고 만만치 않은 현실 앞에서 더 쉽게 좌절하고 방황도 더 많이 겪는다.

왜곡된 자신감은 최근 연구자들이 염려하고 있는 추세이기도 하다. 자신이 남보다 대단한 존재라고 생각하는 사람은 별다른 노력도 안 하면서 성공할 것이라고 착각한다. 또한 자신은 특별한 존재이기 때문에 남들과 다른 대우를 받아야 마땅하다고 믿는다. 그런 사람들은 결국 냉혹한 현실을 체험하고는 실의에 빠진다. 집에서는 물 같은 부모 밑에서 오냐오냐 맹목적 칭찬만 받으며 소황제小皇帝로 군림하다가 사회로 뱉어지고 나니 을이고 장기판의 졸이다.

이제는 아예 당연한 교육 방침처럼 되어버린 '자신감 키워주기 운동 self-esteem movement'에는 칭찬이 아이에게 자신감을 심어준다는 견해가 깔려 있으며, 더 나아가 아이의 기를 꺾는 것은 잘못된 양육 방식이며 큰 실수로 간주되기도 한다.

그러나 '넌 특별해'가 애 망친다. 하지만 내가 직접 경험해본 바로는 자존이 키워지는 게 아니라 자만이 키워져 자아도취형 인간으로 훗날 엇나갈 가능성이 높다. 실학자 이덕무는 '넌 대단한 아이야', '넌 크게 될 거야.'라는 말을 듣고 자란 애는 삐뚤어진 특권 의식이 심어져서 방자하고 거리낌 없어질 것이라고 경고했다. 예전 대기업 근무 당시 인사팀 신입사원으로 서울대 출신이 들어온 적이 있다. 몇 달 동안 색종이를 오리거나 접고, 이름표를 만들고, 자료를 복사하는 것이 업무의 전부였다. 얼마 지나지 않아 그 신입사원은 자기가 더 멋진 일을 할 줄 알았다면서 제 발로 회사를 그만뒀다.

이유 없는 칭찬은 아이를 미련하게 만든다. 이렇게 칭찬받는 것에 익숙해진 사람은 자신이 받아야 할 마땅한 대우가 분명히 어딘가에 있다고 믿는다. 자기가 가진 것을 먼저 내어놓지도 않는다. 그러니 주어진 현실에 끊임없이 불만을 가질 수밖에. 설령 그들이 외로움에 빠져 있는 자신을 발견했다 하더라도 그것은 기만적인 외로움이다. 그렇다.

나는 이것을 기만적 외로움이라고 부른다.

외로움에 관한 설문 조사를 하면서 가장 인상 깊었던 답변 중 하나는 이런 것이었다. "나에게 친구란 경조사 용이다." 이런 사람들에게 친구란 자신의 목표를 이루기 위해 밟고 올라가는 잠시 '빌린 사다리'에 불과하다. 목표에 도달한 다음에는 사다리를 빌려줬던 사람이 누구였는지 기억도 못할 게 분명하다.

당신도 혹시 겉으로는 친구라 부르지만 속으로는 이해관계자stakeholder라 부르는 사람이 있는가? 아니, 어쩌면 당신이 친구라고 믿어왔던 사람에게 이해관계자가 되어 있는 것은 아닐까? 생각조차 하고 싶지 않을 거다. 그럼에도 우리 주변에는 계산적 만남, 목적 있는 만남, 당위성에 사로잡힌 만남, 이유 있는 만남, 만나야 하기 위한 만남이 판을 치고 있다.

겉으로 볼 땐 아무 문제가 없어 보인다. 인사도 잘하고 싹싹하다. 센스 있고 칭찬도 잘한다. 하지만 속을 열어보면 그렇지 않다. 이런 사람들에게는 어떤 규칙 같은 것이 있어서 "과장님. 요즘 젊어지셨어요."라는 사교적 클리셰만 남발하고, "오늘 스타일 멋지시네요."라는 외교적 수사가 몸에 뱄으며, 문자로는 '좋은 하루 되세요.'라는 기계적 번역문만 날린다. 진심이 느껴지는가? 그들은 관성의 족쇄에 묶여 있다.

이런 사람들은 만남에서 늘 목표한 의미를 건지려고만 하고, 생산적이지 못한 만남은 시간 낭비라고 쉽게 치부해버린다. 자기주장과 원칙이 확고해서 낯선 사람과 쉽게 마음을 터놓지도 못하고 늘 만나는 사람만 만나려 한다. 그렇다고 숫기가 있거나 카리스마로 휘어잡는 것도 아니다. 대화는 지루하고 고개만 건성으로 끄덕인다.

친구를 음식 종업원처럼 여기는 사람이 있다. 식당에 가면 필요한 것이 있을 때 종업원을 열심히 불러댄다. 종업원이 물도 가져다주고 반찬도 더 가져다준다. 혹시라도 종업원이 내 목소리를 못 들으면 목소리는 커지고 간절함(?)도 커진다. 하지만 막상 필요가 충족되면 빨리 사라지길 바란다. 만약 종업원이 내가 원하는 서비스를 해주고도 옆에 계속 서 있다면 오히려 불편하고 귀찮은 존재처럼 느껴질 것이다. 당신은 친구를 당신의 필요로만 만나고, 혼자 있고 싶을 때는 빨리 사라져주기를 바라는 식당 종업원 정도로 여기고 있지는 않은가?

남에게 사랑이 없다고 쉽게 말하지 말자. 나에게 사랑이 없으니 남에게 사랑이 없는 것처럼 느껴지는 것이다. 이들에게 친구란 참으로 기계적 도구이자 도약을 위한 발판일 뿐이다. 대학 때는 함께 밥 먹을 친구, 함께 공부할 친구가 필요했고 회사 생활에서는 업무를 익히기 위해, 내 편이 되어줄 동료가 필요했다. 이렇게 사귄 친구를 전략적 동맹이라 한다. 홀로서기를 이루고 나면 버릴 일회용 친구다. 회사를 옮기면 개인적으로 연락할 이유가 없는 무늬만 친구다.

현대인의 인간관계는 피상적이며 목적 지향적이다. 필요에 의해 이어져 있다. 친해져서 사귀는 게 아니라 사귀어야 하기 때문에 친해지려한다. 해마다 입학하는 특수대학원생들은 거의 직장인이었다. 학위를따기 위해서 들어오는 사람들이 대부분이지만 인맥을 넓히기 위해서 들어오는 사람도 많았다. 맙소사! 사람 사귀기 위해 대학원까지 오다니!

방송을 하던 시절에 사람들은 나를 장문정으로 보지 않고 쇼호스트장문정으로 봤다. 쇼호스트 장문정일 때 과로로 입원했었다. 4일 밤낮으로 많은 사람들이 줄지어 문병을 온다. 병실에 있는 냉장고가 방문객이 사온 음료수로 가득 차고 넘쳤다. 세월이 지나 모든 타이틀을 내려놓고 조용히 살아가던 어느 날 다시 입원했다. 찾아오는 이 하나 없던그 나흘간의 적막감. 나 또한 관계에서 실패했음을 깨달았다. 나 역시전략형 외톨이였다. 참 신기하지 않은가? 여자의 눈 화장이 나이를 먹을수록 자연스러워지듯 대인관계나 처세도 나이를 먹을수록 부드러워지고 자연스러워졌을 텐데, 다듬어지지 않은 거친 말과 행동으로 지냈던 젊은 시절보다 오히려 친구는 해가 갈수록 더 떨어져나가고 있으니말이다.

마크 트웨인은 "사람이 사람을 헤아릴 수 있는 것은 눈도 아니고, 지성도 아니거니와 오직 마음뿐이다."라고 했다. 마음이 느껴지지 않는다는 건 일방의 잘못인 경우가 드물다. 내가 상대의 마음을 못 느낄 때 상대방 역시 당신 마음을 못 느끼고 있을 거란 점을 기억해야 한다. 얼굴이 물에 비치듯 마음도 쉽게 다른 사람에게 비친다. 아무리 오랜 시간을 함께해도 마음을 느낄 수 없다면 관계의 온도를 높이자. 관계의 온도를 높이는 것은 생각보다 어렵지 않다. '나를 위해서'가 아니라 '그를 위해서' '힘이 되어주고 싶어서' 사람을 만난다면 손을 맞잡기도 전에 온기를 느낄 수 있을 것이다.

'브리칭breaching'이라는 말이 있다. 고래가 물 밖으로 나와서 물을 때리는 현상을 말한다. 흰수염고래는 무게가 150톤이 넘는 경우도 있다. 그 엄청난 산 같은 존재가 물 밖으로 나와서 물을 때릴 때 사람들은 탄성을 지른다. 그 장면을 보러 가는 브리칭 코스라는 크루즈 상품도 있다. 하지만 고래가 물속에 있으면 이놈이 큰지 대단한지 멋진지 알게 뭔가? 물 밖으로 나와야 고래인 줄 안다. 지금은 브리칭의 시대다. 자신의 감정을 알려라. 그래야 알아준다. 먼저 다가가서 먼저 드러내라. 적극적 노력과 단호한 의지가 필요한 때다.

강렬한 충성vibrant retention이 강렬한 연대vibrant engagement를 낳는다. 우리가 상대에게 먼저 진심을 다해 충성을 보여야 탄탄한 우정도, 의리도 생긴다.

내가 상대의 마음을 못 느낄 때 상대방 역시
당신 마음을 못 느끼고 있을 거란 점을 기억해야 한다.
관계의 온도를 높이는 것은 생각보다 어렵지 않다.

'나를 위해서'가 아니라 '그를 위해서' '힘이 되어주고 싶어서'
사람을 만난다면 손을 맞잡기도 전에
온기를 느낄 수 있을 것이다.

질주하는
험담의 종착역이 돼라

　　　　　　　우리를 욱하게 만드는 것들을 떠올려보자. 단
연 나는 험담(또는 뒷담화)을 1등으로 꼽는다. 당신도 예외는 아닐 것이
다. 직장인 4,300명 대상으로 험담의 대상이 되어봤는지 물었을 때
94%가 그렇다고 답했다. 늘 주변 사람들을 흉보는 직원이 있었다. 우
리는 그를 '모두 까기 인형', '뒷담화의 황태자'라고 불렀다.

　험담은 영어로는 backbiting, 중국어로는 비방誹謗, 이탈리아어로는
말디첸사maldicenza, 스페인어로는 무르무라시온murmuración, 독일어로는
레스턴lästern, 핀란드어로는 유오루juoru라고 한다. 험담이란 말은 어느
나라에나 다 있는 단어다. 그만큼 인간의 본성에 가깝기 때문 아닐까?
이처럼 험담은 세계 어디엘 가도 마주칠 수 있다. 내 연구소 직원 중엔

외국인도 있었는데 일명 '리빌러revealer'('계시하는 사람'이란 뜻이지만 '비밀을 밝히는 자'라는 뜻도 있다.)라고 불리는 미국인이었다. 그 사람 귀에 들어가면 그 이야기는 방송국용 보도자료가 돼서 삽시간에 만천하에 배포되기 때문이었다. 미국에서 한 얘기가 1시간이면 한국까지 퍼졌다.

우리가 동료나 친구의 뒷담화에 쉽게 빠져드는 이유는 다른 사람과 친해지기 위한 수단으로 그것만 한 것이 없고, 그것을 매개로 동질감을 느끼고 싶은 자연스런 욕망이 있기 때문이다.[9] "그 얘기 들었어?"라는 말이 튀어나오는 순간 그와 나 사이에는 은밀한 동지애가 생긴다. 그러므로 진실 여부와 상관없이 우리의 죄 많은 본성은 뒷담화에 쉽게 빠져들게 한다. 하지만 "이거 비밀인데 그거 알아?"라는 말 뒤에 이어지는 말만큼 질 떨어지는 정보도 없다.

남 얘기를 안 하고 살 수는 없다. 모든 남 얘기가 나쁜 것도 아니다. 중요한 건 남 얘기가 험담인지 그냥 무해한 근황인지 경계를 정할 줄 알아야 한다. 험담과 험담이 아닌 것을 가르는 판단 기준은 매우 쉽다. 그 이야기 속의 당사자가 내 앞에 있을 때 할 수 없는 이야기라면 험담이다. 그 사람이 내 앞에 있어도 할 수 있는 말이라면 험담이 아니다. 가령 "박 대리가 이번에 승진했대."라는 남의 이야기는 박 대리가 내 앞에 있어도 할 수 있다. 하지만 "박 대리가 불륜을 저질렀대."라는 말은 박 대리 앞에서 할 수 없다. 험담이고 중상中傷이다.

고대 로마의 시인 유베날리스Iuvenalis는 중상을 "독 중에 가장 해로운 독"이라고 했다. 중상에는 살인적인 힘이 있다. 그것은 사람을 죽음에 이르게 만드는 파멸적인 해악이다. 악성 댓글 때문에 자살하는 연예인이나 청소년을 언론에서 가끔씩 본다. '중상'이란 말의 히브리어는 '발'이란 단어에서 유래했다. 돌아다닐 수 있다는 말이다. 소문은 살아 움직이는 생물과 같다. 살아 움직이고 변화하며 자란다. 어디서 기침 한 번 하면 "누가 애 뱄다는구만~" 하는 식이다. 사람들에게 살갑게 대하면 쉬운 사람이라고 소문이 돌고, 매사에 행동거지를 조심하려고 하면 가면 쓴 위선적인 놈이라고 한다. 환장할 노릇이다.

험담에는 이중적 모습이 숨어 있다. 한솔교육 직원 300명을 2개 그룹으로 나눠서 2가지 주관식 설문지를 돌렸다. 첫 번째 그룹에게는 '남이 나에게 하는 험담'에 대해, 두 번째 그룹에게는 '내가 남에게 하는 험담'에 대해 각각 묻고, 어떤 단어가 떠오르는지 각각 적어보게 했다.

Q : 남이 나에게 하는 험담이란?
A : 분노, 저주, 복수, 고통…

Q : 내가 남에게 하는 험담이란?

A : 의리, 재미, 관심, 일상, 장난…

　사람들은 남이 나에게 하는 건 못 참으면서 내가 남에게 하는 건 활기 있는 직장 생활을 위한 양념 정도로 생각하는 이중적 잣대를 머릿속에 담고 있었다. 자신이 하는 뒷담화는 기본적으로 한담, 곧 사소한 이야깃거리에 대한 잡담으로 생각하는 경향이 강했다.

　험담은 인간 본성의 아주 어두운 면, 명성을 더럽히고 진실을 왜곡하고 삶을 망쳐놓는 데서 쾌감을 맛보려는 더러운 습성을 보여준다. 본질적으로 사악한 것이다. 그리고 한없이 무책임하다. 험담을 즐기는 사람들은 이렇게 말하고 만다. "아니면 말고!" 당신도 그런 사람은 아닌가? 하다못해 연예인에 대한 루머라도 누군가와 나누지는 않았는가? 남에 대해 안 좋은 소문을 퍼뜨릴 때는 언제고 자신에 대한 소문에는 펄쩍 뛸 자격이 있나? 소문을 죄의식 없이 실어 나르던 사람이 분노할 자격이 있을까? 사람은 흉보면서 닮는다.

　한번은 생방송 직전에 회사 지하 구내식당에서 밥을 먹고 있는데 하필 늘 뒤에서 나에 대해 험담을 하고 다니는 한 무뇌 쇼호스트가 바로 앞자리에 앉았다. 1분도 안 돼서 체했다. 방송 내내 체기로 고생했다. 그래서 난 악질과는 겸상하지 않는다. 이렇게 사람들이 뒤에서 나에게 했던 욕이나 험담은 스쳐 지나가듯 알게 되어도 절대 잊을 수가 없다. 그런 말을 들으면 자신이 보잘것없는 존재로 느껴지고 한없이 작아진다. 괴롭힘의 표적이 돼본 적이 있는가? 차라리 강하게 한 대 가격당하는 게 낫다고 생각할지도 모르겠다.

리서치 기업 조그비 인터내셔널Zogby International의 2015년 조사에 따르면 한국 인구의 5분의 2에 해당하는 2000만 명의 미국 노동자들이 험담 때문에 직장을 옮긴 경험이 있다고 답했다. 세미놀Seminole 인디언들은 험담을 도둑질과 동일한 죄로 간주해서 처벌했다. 서아프리카의 일부 공동체에서는 험담을 퍼뜨리는 자의 입술을 잘랐다. 중세 영국과 독일에서는 물고문 의자가 널리 쓰였다. 험담한 사람을 의자에 묶어 물속에 집어넣고 죽기 직전에 건졌다가 다시 넣기를 반복했다. 두 번 다시 해로운 험담을 못하게 막았던 것이다. 1960년대에 미국에서는 정부 활동에 해로운 루머를 막기 위해 유언비어 통제 센터를 설립하기도 했다. 그만큼 험담은 심각하고 나쁜 것이다.

그렇다면 요즘은 험담이 쏟아져 나오는 남의 입을 꿰매버릴 수 있을까? 나의 더럽혀진 명성과 내게 돌아온 모독이 씻길 수 있을까? 얼마든지 가능하다. 당신도 알지 못하는 사이에 새겨진 주홍글씨를 지우는 가장 좋은 방법은 지금부터라도 허투루 보이지 않도록 행동하는 것이다. 타오르는 불에 땔감을 더하지 마라. 당신에 대한 험담이 사그라지지 않는다면 자문해보라. 내 행동이 사람들의 뒷담화에 소재를 주고 있는 건 아닌가? 내가 오해를 사게끔 행동하고 있지는 않은가? 의심을 하게 만드는 처신을 하고 있지는 않은가? 타오르는 불에 땔감을 더하지 마라. 험담에 빌미를 제공하는 행동이나 방식이 있다면 그것은 불에 땔감을 더하는 격이다. 생활 태도를 조정하고 말을 제어하면 소문은 멎을 수 있다. 나무가 다하면 불은 꺼진다. 당신의 평소 행동을 돌아보고 빌미 잡힐 만한 것들을 발견하고 고친다면 누구도 당신에 대한 험담을 믿지 않을 것이다.

근거 없는 소문은 삶을 영화보다도 더 복잡하게 만들 수 있다. 끊임없이 시달리고 별별 소문이 다 돈다면 결국 돌아버린다. 험담은 깨끗한 벽에 던진 진흙 덩어리와 같다. 진흙 덩어리가 벽에서 떨어져도 더러운 자국은 계속 남아 있다.

〈여성조선〉에서 나를 인터뷰한 적이 있다. 인터뷰가 끝난 뒤 기자에게 그동안 많은 유명인을 인터뷰했을 텐데 최고와 최악은 누구였는지 물어봤다. 최고는 임권택 감독이고 최악은 모 남자 가수라고 했다. 초면인데도 반말에 잘난 체에… 한마디로 개판이었다고 한참 욕을 쏟아냈다. 그 얘기를 들은 뒤 수년이 지났지만 나는 한 번도 만나본 적 없는 그 남자 가수가 TV에 나올 때마다 혀를 끌끌 차게 된다. 험담은 끈질긴 성향이 있다. 끝없이 나를 따라 다닌다.

나 역시 험담의 대상이 되어봤다. 방송을 하고 TV에 늘 노출이 되다 보니 사람들이 내게 뭐라고 하는지 귀에 안테나를 세우고 다녔다. 험담의 출처를 찾아내려고 눈에서 레이저를 쏘며 주변을 뒤지기도 했다. 그즈음 친한 정신과 의사가 내게 일침을 놓았다.

"왜 쓰레기통을 뒤지고 다니십니까?"

항상 남을 헐뜯는 사람은 그 마음에 비통함과 열등감이 있기 때문이라는 것을 본인 입으로 공개하는 거나 마찬가지다. 험담 속 당사자의 사생활이 요란한 게 아니라 지저분한 얘기를 열 올리며 전하고 다니는 그 사람의 촉새 같은 입이 요란할 뿐이다.

당신도 이제 험담을 멈춰라. 전해들은 뜬소문은 진실한 것인가? 선한 것인가? 꼭 필요한 것인가? 그게 아니라면 전달하지도 말고 잊어버려라. 구정물을 남의 머리에 열심히 떠 나르다가는 당신도 이야기의 한통속이 되어 나중에 다칠 수 있다. 직장 처세를 논할 때 험담이 빠질 수 없다. 험담의 철칙을 세워야 한다. 어떤 남의 이야기를 듣든지 그 이야기의 종착역이 돼라. 험담의 무덤이 돼라. 대화는 정신 운동이지만 험담은 혀 운동에 불과하다. 피가 나게 입술을 깨물고 참아라.

당신이 험담 속의 주인공이 되었다 해도 타인의 말 때문에 시무룩해질 필요 없다. 어차피 말은 말일 뿐 내 인생에는 아무 영향도 없다. 큰 귀가 없다면 큰 입도 사라진다. 쓸데없는 말에 주의와 정력을 쏟기엔 당신에게는 더 중요한 할 일이 많다. 감정을 제어하라. 상황을 정확히 파악하라. 너무 예민하지는 않은가 따져보라.

짠 물은 단 물을 낼 수 없다. 남의 '말질' 때문에 당신의 소중한 인생이 좌지우지될 필요는 없지 않은가! 글씨의 필체가 달라진다고 내용의 가치가 달라지는 게 아니듯 누가 당신을 깎아내린다 해서 당신의 자아가 변하는 건 아니지 않은가! 손바닥으로 하늘을 가릴 수 없듯 진실은 언젠가 밝혀진다. 당신이 진실하다면 언젠가는 그 험담이 좋은 평판으로 돌아설 것이다.

남의 말에 시무룩해지지 말자. 어차피 말은 말일 뿐, 내 인생에는 아무런 영향을 끼칠 수 없다. 담아두지 말자. 싫은 소리를 혼자 꺼내서 자책하며 복습하는 짓 말자. 그것이 남 입에서 나를 해방시키는 최선이다. '남의 말은 길어야 3일'이라는 속담이 있다. 본인이 느끼는 것과 실제 타인의 입에 오르내리는 것 사이에는 커다란 간극이 있다. 내가 생각하는 것만큼 남들은 나에 대해 크게 관심을 갖지 않는다.

세상이 전부 당신만 바라보고 있는 것 같나? 하루에 다른 사람의 삶에 대해 얼마나 생각하나? 거의 안 한다. 내 코가 석 자다. 다들 자기 삶 챙기기에도 벅차다. 자기 먹고살기 바쁘다. 당신은 그들의 안중에도 없다. 너무 신경 쓰지 마라. 장담하건대, 당신을 생각하는 사람은 아무도 없다. 로저 로젠블랫은 《유쾌하게 나이 드는 법 58》이란 책에서 이

렇게 말한다. "그들은 자신만을 생각하고 있다. 당신이 당신 자신만을

생각하고 있는 것처럼."

관계란 너와 내가
다름을 인정하는 것

홈쇼핑을 진행할 때 게스트로 예능에서 한참 활약하는 여배우를 모셨다. 연예인 활동 외에 '투잡'으로 결혼 정보 회사를 운영한다고 했다. 생방송 중간에 자료 화면이 나가는 쉬는 타임에 그녀가 "장문정 쇼호스트는 이상형이 뭐에요?"라고 물었다. "왜요?" "제가 결혼 정보 회사에 보유하고 있는 이상형들이 줄줄이 비엔나잖아요. 소개해드리려구요. 호호."

이상형이 지구에 존재할까? 이상형을 좇다 보니 헛된 환상만 품게 되고, 정작 현실의 나는 외로울 수밖에 없다. 영국의 일간지 〈데일리 메일〉에는 미국 휴스턴에 사는 야스민 엘비라는 여성이 자신에게 맞는 이상형을 찾다가 지쳐서 포기하고 나홀로 결혼식을 올린 뒤 혼자 신혼여행을 떠났다는 기사가 실렸다.[8] 정말 이 사람일까? 그렇다면 정말 나에게 맞는 사람인지는 어떻게 알 수 있을까? 겉으로 드러나는 모습이 아니라 그 너머에 있는 모습을 보는 것이 매우 중요하다. 예쁜 여자가 믿을 만한 사람이 아닐 수도 있고 인기 있는 남자가 도덕적으로 문제가 많을 수도 있다. 당신은 함께 있을 때 편안하고 당신의 개성과 목표에 꼭 맞는 사람을 만나고 싶을 거다. 미국의 한 결혼 정보 회사에서 설문 조사한 이상형의 조건은 크게 4가지였다. 아래 항목 중 당신도 원하는 걸 모두 골라 보라.

□ 외모가 매력적인 사람
□ 나를 존중해주는 사람
□ 같은 목표를 가진 사람
□ 취미가 같은 사람

이상형을 좇는 사람들은 이성을 찾을 때 외적인 면에 치중한다. 좋아하는 것이 같거나 취미가 같거나 항상 코드가 맞기를 바라며 겉으로 드러나는 공통점에 쉽게 초점을 맞춘다. 하지만 겉으로 드러난 것 이상을 봐야 한다. '마음에 숨은 사람'을 봐야 한다. 내면을 보라. 마음에 드는 사람이 있다면 좀 더 객관적인 시각을 갖도록 노력해야 한다. 하지만 주의해야 한다. 자칫 자신이 보고 싶은 것만 보게 될 수도 있다. 그러므로 천천히 여유를 갖고 그 사람의 본래 모습을 보려 해야 한다.

당신도 쉽게 체크해볼 수 있다. 그 사람은 의견이 다를 때 어떤 반응을 보이는가? 고집 부리거나 떼쓰거나 침묵하거나 화를 내는가? 아니면 평화로운 사람이며 양보하는 사람인가? 자기주장이 강해 상대를 조종하려 들거나 소유욕이나 질투가 강한가? 상대방이 하는 일을 일일이 다 알려고 드는가? 다음과 같은 현실적 상황을 인정해야 한다.

- 의견이 항상 일치하지는 않을 것이다.
- 우선순위가 항상 같지는 않을 것이다.
- 좋아하는 것이 항상 똑같지는 않을 것이다.
- 항상 낭만적인 감정을 느낄 수는 없을 것이다.

만약 세계 어디든지 갈 수 있는 공짜 비행기 표가 생겼다고 가정하자. 목적지는 어디로 정하겠는가? 그 이유는 무엇인가?

목적지 :
이유 :
(ex. 경치, 문화, 환경, 즐길거리, 기타.)

이번에는 편도 비행기 표를 가지고 있고 목적지에서 평생 동안 살아야 한다고 생각해보라. 이번에는 목적지를 어디로 정하겠는가?

목적지 :

(또는) 지금 사는 곳에 그대로 있겠다.

위의 두 질문에서 당신이 선택한 첫 번째 목적지와 두 번째 목적지는 다를 것이다. 설사 같은 목적지를 골랐다 하더라도 두 번째 목적지를 결정할 때는 다른 각도로 문제를 바라봤을 것이다. 해변에서 여유를 만끽하고 휴가를 즐기는 모습을 떠올리는 대신, 그곳에서 살면서 겪을 수 있는 장단점을 신중히 저울질해봤을 것이다. 이상형도 마찬가지다. 잠시 맛보다가 떠날 꿈같은 연애 상대라면 첫 번째 질문과 같겠지만 나와 평생을 함께할 사람이라면 얘기가 다르다. 두 번째 질문의 관점에서 이상형을 바라봐야 현실적 오차가 적어진다.

이상형만 좇다가는 당신만 점점 더 외로워질 것이다. 드라마와 영화는 비현실적 인물을 생산한다. 그런 인물을 현실 속의 자기 자신과 관련짓는 공상을 멈춰라. 드라마는 하나같이 내 현실과 먼 '들장미 소녀 캔디'식 이야기다. 내 현실에 찾아올 꿈속 왕자님은 없다. 나는 방송 활동을 하면서 이른바 멋진 여자들을 넘치게 봤다. 남자들의 이상형들이었다. 하지만 그들도 무대 뒤에서 민낯으로 수수하게 돌아다닐 때는 말 그대로 평범한 여자 또는 전혀 다른 얼굴을 가진 아줌마에 불과했다. 화장하지 않은 얼굴로 엘리베이터에서 마주칠 때 많은 경우 사람들은 그녀들을 알아보지 못했다. 그녀들은 엘리베이터 구석에서 나에게 조용히 말을 건넨다. "저예요." "어이쿠, 못 알아봤습니다. 안녕하십니까?" 뒤늦게 인사를 건넬 때가 한두 번이 아니었다. 당신의 꿈같은 기준은 어디쯤 위치해 있나? 겉모습은 기만적이다.

길에서 웬 아줌마가 꾸벅 인사한다. "누구… 시더라?" 가만 보니 예전에 가르치던 학생이었다. 미스코리아 출신이었는데 지금은 이혼하고 보험 설계사를 하면서 아이 둘을 키우고 있다며 근황을 덤덤히 전했다. 한때는 많은 남심男心을 뒤흔들었을 미모였지만 지금은 그냥 키 큰 동네 아줌마였다. 청춘은 참으로 짧구나. '화무십일홍花無十日紅'이라더니 그 어떤 이상형도 찰나에 불과하겠구나 싶었다.

외모도 외모지만 요즘은 나만의 '맞춤' 이상형을 찾는 이들이 더 많은 것 같다. 당신에게는 지금 어떤 연인이 필요한가? 당신이 말하면 귀를 쫑긋 세우고 고개를 끄덕여주며, 반짝이는 눈빛으로 사랑스럽게 당신 뺨을 어루만지고 당신을 안심시키며, 당신의 깊은 감정과 내면의 생각에 공감해주고 토닥토닥 보듬어주는, 바로 그런 사람이 필요하지 않은가? 제발 꿈 깨라. 그런 이상형은 요즘 소설에도 안 나온다. 투정하고 싶을 때 투정을 받아주고 응석부리고 싶을 때 응석을 받아주는 사람을 찾는가? 그럴 거면 기저귀부터 차라. 당신은 아기가 아니다. 꿈속에서나 나올 법한 사람? 미안하지만 없다. 새벽까지 술 먹고 들어와도 상냥하게 웃으며 9첩 반상을 차려줄 아내는 없다. 상대방에 대한 현실적인 기대치를 가져야 한다. 낮춰라. 나에게 딱 맞는 사람을 찾는 건 단언컨대 불가능하다.

샤워할 때 적당한 물 온도를 맞추는 것도 쉽지 않아 계속 조절하게 되는데 평생 동안 누군가가 나에게 딱 맞게 맞춰준다는 것이 가능할 것이라고 생각하나? 어림없다. 완벽한 친구를 만나는 꿈을 꾸고 있지는 않은가? 무결점 친구 말이다. 무결점 친구는 불평하는 법이 없다. 당신에게 무제한 사랑을 보내주고 기분이 언짢을 때가 없으며, 늘 당신에게만 몰두하면서 결코 당신을 실망시키지 않는 친구를 말한다. 그런 무결점 친구? 애완동물뿐이다. 결국 반려견만이 당신의 가장 가까운 친구로 남게 되는 불상사를 겪지 않으려면 친구란 어떠어떠해야 한다는 기준을 버려야 한다.

많은 직장인들을 인터뷰하다 보니 의외로 많은 사람들이 나와 같은 생각을 가지면 기분 좋은 내 편이 되고 나와 다른 생각이나 의견을 갖고 있으면 불쾌감을 느끼는 성향을 보여주었다. 틀렸다. 내 편이지만 나와 다른 의견을 가져도 좋다고 생각해야 한다. 그는 당신과 직장 동료 혹은 친구가 된 거고 연인 혹은 부부가 된 거지 당신과 똑같은 사람으로 복제된 건 아니니까.

우리는 타인에게서 자신이 원하고 바라는 이상적 모습을 찾으려는 습성이 있다. 그러다가 타인에게서 자신의 욕망이 충족되지 않으면 금세 실망해버린다. 언제 그랬냐는 듯이 휙 돌아서버리고 연락을 끊어버린다. 돌아서거나 연락을 끊는 게 불가능한 경우에는 대화를 시도하지 않는 것으로 대신하기도 한다. 사귐은 외로운 두 영혼이 만나 하나가 되는 것이 아니라 독립된 두 영혼이 만나 같은 방향으로 나란히 나아가는 것이며, 관계란 '너와 나는 다르다는 걸 인정Let's agree to disagree'할 때 맺어지는 것이리라. 나에게 맞는 이상형보다 '현실형'을 찾아라.

이상형을 좇는 사람들은 취미가 같거나
항상 코드가 맞기를 바라며 겉으로 드러나는
공통점에 쉽게 초점을 맞춘다.

하지만 우리는 '마음에 숨은 사람'을 봐야 한다.
내면을 보라. 마음에 드는 사람이 있다면
좀 더 객관적인 시각을 갖도록 노력해야 한다.
천천히 여유를 갖고 그 사람의
본래 모습을 보려 해야 한다.

평범한 직장인들의
갑질 대처법

　　먼저, 정말 미운 놈을 떠올려보라. 그놈의 얼굴이 기억의 수면 위로 뽕! 하고 올라오는 순간 당장 주먹에 힘이 들어가지 않나? 말 안 해도 당신에게는 악질 같은 놈일 테다. 희한하게도 직장에는 악질이 꼭 하나씩은 있다.

　　악질asshole에도 종류가 있다. 《또라이 제로 조직》을 쓴 스탠퍼드 대학교 경영대학원의 로버트 서튼Robert Sutton 교수는 우리 주변에 두 종류의 악질이 있다고 말한다. 첫째는 지속적으로 다른 사람의 기운을 빠지게 하거나 초라하게 만들거나 수치심을 안겨주는 놈이다. 둘째는 자신보다 힘없는 이들을 상대로 그런 짓을 하는 놈이다. 이런 두 종류의 악질을 뛰어넘는 악질 중에 악질은 '전략적 악질strategic asshole'이다. 이런 악질은 정말 위험하다. 누군가를 조질 때 치밀하게 계산된 의도를 가지고 악질적으로 구는 놈이다. 이런 최악의 악질은 스스로 감정을 통제하고 상황을 장악하는 법을 잘 알기 때문에 딱히 대처할 방법도 없다.

악질들은 빈틈을 보면 놓치지 않고 후빈다. 그게 상사라면 최악이다. 일 못한다고 혼내기만 한다. 더 못하면 그 일을 아예 딴 사람에게 넘기고 나를 공기 보듯 한다. 업적은 가로채거나 숨겨버린다. 울고 싶은데 뺨 때리고 상처에 소금을 뿌리는 인간이다. 업무 전수는 모르쇠더니, 후배 갈굴 땐 무쇠가 된다. 《논어》 '요왈堯曰' 편 제2장에서 공자는 4가지 악惡에 대해 말한다.

"미리 가르치지 않고 죽이는 것을 '학虐'이라 하고, 미리 경계하지 않고 성공을 책망하는 것을 '포暴'라 하며, 명령을 태만히 하고 기일을 각박하게 하는 것을 '적賊'이라 하고, 똑같이 남에게 주면서도 출납할 때 인색하게 구는 것을 '유사有司'라고 한다."[7]

무조건 눈물 쏙 빠지게 질책만 하기보다는 문제를 해결하도록 가르쳐주기나 하고 혼내면 고맙기라도 하겠다.

이런 악질들에게 사람들은 어떻게 대응할까 궁금해서 조사를 해봤다. 의외였다. 무시하고 참고 산다기보다 어떻게든 복수한다는 답변이 많았다. 그 형태를 2종류로 나눌 수 있었는데, 티 안 나는 소심한 복수와 받은 만큼 돌려주는 치명적 복수가 있었다. 주로 외톨이들이 선택한 방법은 소심한 복수다.

수협 직원들 중 '소심쟁이'들을 인터뷰해보니 옆 자리 동료가 지우개를 빌려가서 늘 쓰던 뭉툭한 쪽 말고 각진 멀쩡한 새 쪽으로 쓰고 돌려줬을 때 속상했지만 말은 못한 소심함을 털어났다. 다른 여사원은 버스에만 올라타면 모두가 나만 보는 듯한 소심한 착각에 빠진다고 고백했다. 이런 소심한 이들은 갑질에 대해 감히 대놓고 공격은 못하지만 일명 소심한 복수를 '감행'한다.

대우증권, 롯데, 우리은행 직원들을 대상으로 꼴 보기 싫은 동료나 상사에게 가한 소심한 복수는 어떤 것이 있었는지 조사해봤다. 그중 웃겼던 이야기들이다.

소심쟁이들은 어떻게 소심하게 복수할까?

- 구두에 모래 몇 톨 집어넣기.
- 벗어놓은 신발 끈 몰래 풀어놓기.
- 담뱃갑에서 담배 한 개비 슬쩍 빼서 쓰레기통에 버리기.
- 그 인간 화장실에서 볼일 보는 동안 긴장돼서 변비 생기라고 밖에서 무서운 음악 틀어놓기.
- 그 인간 이름을 빨간색으로 적고 그 이름이 안 보일 때까지 볼펜

으로 지우기.

- 갖다 줄 커피에 손가락 살짝 넣었다 빼기.

- 벗어놓은 코트에 먼지 조금 묻히기.

- 서류 파일 거꾸로 꽂아두기.

- 모니터 옆에 붙여놓은 포스트잇 떼버리기.

- 샤프심 부러뜨리고 가기.

- 우편물 몰래 버리기.

- 부를 때 한 번에 대답 안 하기.

- 식당에서 젓가락을 놓을 때 짝 안 맞는 것으로 골라 공손히 놓기.

- 믹스 커피에 물 많이 타기.

치명적 복수도 있다. 주관식 설문을 받아보니 충격이었다. 차마 이 책에 글로 쓰기조차 민망한 이야기들을 쏟아냈다. 상사 칫솔로 몰래 변기를 닦아봤다는 얘기는 약과다. 모 대형 마트의 수산물 쪽 근무자는 회를 뜨고 있는데 손님이 자꾸 진상을 부리자 몰래 회에다가 가래침을 뱉어버렸다고 썼다. 미국 워싱턴에 갔을 때 한 식당 화장실에서 이런 낙서를 봤다.

"당신이 먹는 음식을 갖다 주는 사람 열 받게 좀 하지 마라.Don't piss off the people who handle the things you eat."

글을 쓴 사람은 아마도 그곳 종업원이었을 것이다. 당신도 식당 종업원에게 음식 늦게 나온다고 너무 나무라지 마시라. 당신이 먹게 될 음식에 테러로 화답할 수가 있다.

어떤 사람은 회사에서 몰래 국제전화를 수시로 걸었다고 했다. 또 어떤 사람은 네이버 광고 링크를 한 번 클릭할 때마다 회사가 1만 원씩 네이버에 수수료를 지불해야 한다는 것을 알았다. 그 후로 출근하면 자기 회사의 광고 링크를 열심히 클릭했단다. 하루 일과처럼 틈만 나면 그 짓을 6개월간 지속했단다.

약자의 복수는 작고 고요하지만 치명적이다. 강자의 위치라고 약자 너무 학대 말자.

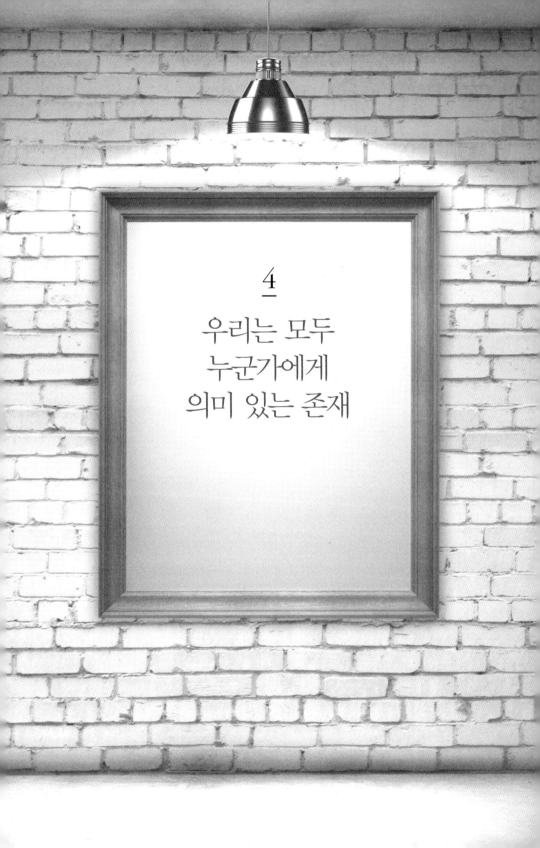

4

우리는 모두
누군가에게
의미 있는 존재

누군가를 미워할 때
자신의 마음을 보라

영어 단어 가이저Geyser는 간헐천이라는 뜻이다. 간헐천의 물은 땅속 화산의 영향으로 부글부글 끓다가 한순간에 펑 하고 터지면서 솟아오른다. 당신은 가이저 같은 모습을 보인 적이 있는가? 견디다 못해 펑 하고 터져버리는 분노 조절이 안 되는 모습 말이다.

분노를 잠재우는 건 참 어렵다. 분노는 속에서 불이 붙은 거다. 몸속의 분노가 화약 터지듯 폭발한다. 밖에서 난 불은 소화기로 끌 수라도 있지, 이건 안에서 뒤집어지니 어찌할 방도가 없다. 물론 정당한 분노야 변화를 위한 계기와 추진력이 되기도 한다. 예수조차 회당에서 물건 파는 사람들의 상을 뒤엎으면서 채찍으로 휘두르고 의분을 터뜨리지 않았던가. 하지만 여기서 말하는 분노는 쉽게 화를 터뜨리는 당신 또는 당신 주변 사람들에게 해당되는 것이다.

분노는 신속하다. 인제대 서울백병원 정신건강의학과의 우종민 교수
는 "내가 걸린 독감이 남에게 전염되듯 나의 감정도 주변 사람들에게
순식간에 퍼져 나간다. 좁은 장소에 여러 사람이 밀집한 환경에서는 더
욱 강하게 전염된다. 특히 성격이 강한 가장이나 카리스마 넘치는 리더
의 감정 상태는 가정과 회사에 금방 전파되어 많은 사람에게 큰 영향을
끼친다."라고 하면서 "부정적인 감정이 전염되는 속도는 긍정적인 감정
보다 15배나 빠르다."라고 말한다.[10] 이것을 '감정 전염emotional contagion'
이라고 한다.

화병이란 말은 중국 명나라 때 명의였던 장개빈張介賓이 처음 사용했
으며 조선시대에 한국으로 전해졌다. 그 후 1996년 미국정신의학회에
서 질병 분류표에 'Hwabyung'을 정식으로 표기하면서 널리 사용되기
시작했다. 울화병Woolhwabyung도 한국어 표현 그대로 쓴다. 화병 환자,
울화병 환자가 전 세계에서 한국에 가장 많아서 그렇게 됐다. 화병은
문화 관련 증후군의 하나로서 영어로는 분노 증후군anger syndrome으로
번역되며 한국인에게 특히 많은 특이한 질병. 분노의 억압으로 유발된
다고 정의하고 있다.

당장이라도 지하철에 올라타 주변에 있는 사람들의 표정을 보라. '누

구든지 나를 건드리면 바로 화를 내주겠어!'라고 외치는 시한폭탄 같은 표정들을 하고 있지 않은가? 화병의 정신적 증상에는 불안, 초조, 우울, 불면, 짜증, 귀찮음, 자신감 저하, 의욕 저하 등이 있고 신체적 증상에는 두통, 얼굴 화끈거림, 피로, 어지러움, 가슴 통증, 소화불량 등이 있다. 뭐하나 빠짐없이 나에게 해로움만 주는 것들이다.

분노 조절이 안 되는 사람치고 외롭지 않은 사람이 없다. 외로움과 분노는 무슨 상관일까?

LG전자에 근무하는 한 직원은 "제 직장 상사는 늘 화낼 생각부터 하는 사람 같습니다. 모든 말이 화내는 것처럼 들립니다."라고 했다. 또 다른 직원은 "분노 조절이 안 되는 친구가 있었는데 연을 끊었습니다. 질렸거든요."라고 말하며 고개를 절레절레 저었다. 그러니 '분노 포텐'을 자주 터뜨리는 사람의 주변에 사람이 남아 있을 리가 없는 거다. 자연스레 외톨이가 될 수밖에 없다.

화난 사람을 대하는 제일 좋은 방법은 무엇일까? 그 상황을 일단 피하는 거다. 극도로 화난 사람은 술에 만취한 사람과 같다. 논리고 이성이고 없다. 우선 피하는 게 상책이다. 오죽하면 성서에서도 "바가지 긁는 아내와 큰 집에서 사는 것보다 다락 한구석에서 사는 편이 낫다."라고 말할까. 또한 자기감정에 굴복하지 않고 부드럽고 온화한 대답은 상대의 격노를 누그러뜨리는 데 도움이 된다. 유순하고 안심시키는 대응은 탁하고 거친 상황을 맑게 정리시킬 수 있다.

우리는 왜 분노할까? 물어봤다. 하이리빙에서 일하는 직원 440명에게 물었더니 대부분 외부 탓으로 돌렸다. 남 탓도 이유가 되긴 한다. 하다못해 불공정한 이 사회도 분노의 원인이 된다. 2014년 국제 투명성 기구가 발표한 세계 부패 지수 보고서에 따르면 전 세계 사람들이 꼽는 가장 부패한 5대 집단은 정당, 경찰, 공무원, 국회, 법원이었다. 게다가 계속 우리를 채찍질하며 휘갈기는 이 사회의 경쟁 시스템도 우리에게 화병을 갖게 한다.

하지만 자신의 내면 문제를 외부 탓으로만 돌리기에는 한계가 있다. 제1차 세계 대전 패전 후 독일은 막대한 배상금 부담과 경제난에 시달렸다. 이때 일부 나치들은 자신들이 유대인에게 한 짓은 까먹고 이 모든 결과가 유대인의 열등감과 사악함 때문이라며 탓을 했다. 현재의 고통을 여전히 남의 탓으로 돌리고 싶었던 거다.

당신도 당신의 분노가 다른 누군가의 탓이라고 생각하지는 않는가? 분노의 이유는 나에게 있는 게 아닐까? "맞다! 정답이다."라고 송곳처럼 후벼주고 싶지만, 그러면 정말 그런 당신에게 울고 싶은데 뺨까지 후려치는 격일 것 같아서 조심스럽게 "그럴 수도 있다." 정도로 완화한다. 어쨌거나 분노의 원인을 부모 탓, 지역 탓, 연줄 탓, 세상 탓으로만 돌리기보다는 자신의 마음을 셀카처럼 찍어볼 필요가 있다. 그러면 대부분의 분노가 외부 요인보다는 내부에서 끓어올라 배출된다는 것을 깨닫게 된다.

한 엄마가 3살 아들을 잃었다. 병원에서 칼륨 용액을 항생제로 알고 주사해 죽인 것이다. 긴 소송 끝에 이겨서 받은 보상금을 다시 그 병원에 기부했다. 자신의 분노와 화해한 것이다. 향나무는 자신을 찍은 도끼에도 향을 묻힌다. 감싸주는 너그러운 마음이 없다면 외로움도 더욱 깊어진다.

헤르만 헤세는 "누군가를 미워하고 있다면, 그 사람의 모습 속에 보이는 자신의 일부분을 미워하는 것이다."라고 했다. 그렇다고 용서하자니 다들 해봐서 알겠지만 용서가 어디 쉽던가? 오스트레일리아의 민속학자이자 문학 비평가인 조지프 제이콥스Joseph Jacobs는 용서를 "모든 덕목 중에서 가장 고귀하고 가장 어려운 것"이라고 했다. 용서는 돈과 상당히 비슷한 면이 있다. 다른 사람을 위해 기꺼이 자비롭게 베풀 수도 있고 혹은 자신을 위해 인색하게 쌓아둘 수도 있다. 용서하지 않는, 증오가 가득한 영혼은 문제를 더 악화시킬 뿐이다.

괴로움, 분노, 원한은 분명히 해롭다. 이러한 파괴적인 감정은 자동차의 차체를 천천히 부식시키는 녹과도 같다. 차의 외관은 멋있어 보일지 모르지만, 그 밑에서는 파괴 과정이 진행되고 있는 것이다. 용서는 아름다운 일이기도 하지만 자기 자신에겐 훌륭한 치료제이기도 하다. 한 연구 보고에 따르면 용서하지 않겠다는 생각은 혈압과 심장 박동을 눈에 띄게 증가시킨다. 반면 용서하는 태도는 스트레스를 줄여준다. 타인에 대한 혐오는 당신의 건강만 해친다.

인디언 격언에도 "화를 내면 화내는 사람이 손해 본다. 급하게 열을 내고 목소리를 높인 사람이 대개 싸움에서 지며, 좌절에 빠지기 쉽다."라는 말이 있다. 분노가 들어차면 잠도 편히 자지 못한다. 시카고 대학의 앨런 레히트샤펜Allan Rechtschaffen 교수는 쥐가 잠들려고 할 때마다 깨우는 장치를 만들어 쥐를 못 자게 했다. 그 결과 쥐는 먹이가 풍부한 환경에서도 몸은 점점 야위고 털은 뭉텅이로 빠지다가 2주 만에 모두 죽었다. "잠은 마음이 문제를 해결하는 시간"[11]이라고 했다. 분노를 멈추고 미소 짓듯 편히 잠들자.

2013년 95세로 타계한 남아공 전 대통령 넬슨 만델라의 일생에 대해 사람들이 가장 궁금하게 여겼던 것은 그가 증오심을 어떻게 극복했느냐였다. 그 대답은 이미 2007년 〈뉴욕타임스〉의 인터뷰에 나와 있었다. 기자의 질문은 "30년이나 감옥에 갇혀서 끔찍한 고통을 겪었는데 어떻게 증오심을 통제할 수 있는가?"였다. 그는 "증오는 마음을 짓누른다. 생각을 방해한다. 지도자는 증오를 담아둘 여력이 없다."라고 간단히 대답했다. 분노와 증오는 털어낼 수 있다. 누군가가 당신을 만델라의 반밖에 안 되는 15년간 가둔 채 만두만 먹었다 할지라도 말이다.

대화가 안 될 때는 눈을 보며 풀기보다는 두 사람이 같은 곳을 바라보는 것이 도움이 된다는 연구가 있다. "많은 사람이 좁은 공간에서 마주 보며 대화를 시작한다. 같은 공간에 있으니 대화가 잘 풀리리라 기대를 한다. 사실은 정반대다. 마주 앉으면 내 시야에 들어오는 세상은 상대방이 보는 것과 다르다. 내가 보는 것을 상대방은 보지 못한다. 이렇게 눈에 보이는 세상이 달라지면 뇌에서 경험하는 세상이 달라진다. 공감대를 찾기 어렵게 된다. 대화가 잘 풀리지 않을 때는 함께 걷는 것이 제일 좋다. 같은 곳을 보며 같은 시야를 공유하면 깊은 대화가 이루어진다. 주말에 숲길을 걸어보자. 강변이나 호숫가를 걸어도 좋다. 자연 속에서 같은 곳을 바라보며 대화를 하면 이야기가 훨씬 더 잘 풀린다."[12]

하버드 대학교와 컬럼비아 대학교의 연구 결과에 따르면 탁 트인 자세expansive posture는 스트레스 호르몬인 코르티솔을 낮춰주고 마음을 풀어주는 느낌을 준다고 한다. 마음에 꽁하게 맺힌 감정을 풀어주는 데 실제로 도움이 되는 것이다. 따스한 햇살 속 여유로운 산길을 걸으면서도 화를 내는 사람은 거의 없으니 말이다.

잊지 마라. 분을 품고 있는 사람은 자기 뺨을 때리면서 상대방이 아프기를 바라는 것과 같다. 내가 나를 아프게 하는 격이다. 미국의 심리 상담사 마크 시켈Mark Sichel은 "당신이 분한 마음을 품고 있는 그 사람은 아무렇지 않게 삶을 즐기며 무사태평하게 지내고 있을 것"이라고 했다.[13] 즉, 분한 마음은 상대방보다 자기 자신에게 더 큰 해를 미친다는 것이다. 나만 약 오른 거다. 분한 마음은 자신이 선택한 것이다. 내가 분한 이유는 그 사람 때문이며, 내가 그 사람을 어떻게 할 수 없기에 분한 거다.

내 마음에 지옥 만드는 것은 쉽다. 계속 분을 품으면 된다. 예를 들어 적당한 크기의 돌을 들고 있다고 생각해보라. 처음에는 별로 무겁지 않다. 하지만 시간이 갈수록 얘기는 달라진다. 몇 분이 지나면 무게감이 더해지고 몇 시간을 들고 있으면 그 무게는 갈수록 커져서 견딜 수 없을 지경이 된다. 돌의 실제 무게는 처음에나 몇 시간 뒤에나 변함이 없지만 내 몸은 갈수록 힘들어진다. 분한 마음도 같다. 억울하고 분한 마음을 품고 있으면 시간이 지날수록 나만 더 힘들 뿐이다. 분한 마음을 꺼버려야 내 몸이 가벼워진다.

미국의 첫 번째 대통령 조지 워싱턴은 십 대에 인생의 철칙을 만들었다. "저주와 모욕의 언사는 어떤 경우라도 쓰지 않겠다." 워싱턴은 27살에 버지니아 주 하원의원에 당선된 뒤 40년 가까이 이것을 철저히 지켰다고 한다. 윈스턴 처칠 전 영국 총리는 모욕을 유머로 갚은 일화가 있다. 영국 첫 여성 하원의원 낸시 애스터가 그의 얼굴에 대고 "당신이 내 남편이었다면 당신 커피에 독을 탔을 것."이라고 했다. 처칠은 "내가 당신 남편이었다면 그 커피 마시겠다."라고 응수했다.

불교의 대승보살 가운데 하나인 문수보살의 게송偈頌에는 마음의 4가지 병 중 두 번째가 성내고 미워하는 것이라 했다. 성낼 줄 모르는 얼굴에서 공양이 비롯되고 화낼 줄 모르는 입에선 향기만 쏟아지며 성내려야 성낼 수조차 없는 마음을 참 보배라 했다. 보배 같은 성품을 키워보자. 지금 읽던 책을 잠깐 내려놓고 거울을 보며 씨익~ 웃어보자. 화병을 날리자.

당신도 당신의 분노가 다른 누군가의
탓이라고 생각하지는 않는가?
분노의 이유는 나에게 있는 게 아닐까?

분노의 원인을 부모 탓, 지역 탓, 연줄 탓,
세상 탓으로만 돌리기보다는
자신의 마음을
셀카처럼 찍어볼 필요가 있다.

감정노동 공화국에서
작은 혁명을 일으키는 법

"이렇게까지 하면서 살아야 하나?"

밤늦게까지 야근하다가 지친 몸으로 겨우 퇴근했을 때, 웬 '돌+아이' 같은 고객을 만났을 때, 상사에게 일과 전혀 상관없는 문제로 핀잔을 들었을 때, 진상 떠는 손님과 한바탕 실랑이를 치르고 났을 때…. 그럴 때 당신이 가장 많이 되뇌는 말은 바로 이걸 거다.

"정말이지, 이렇게까지 하면서 살아야 하나?" 가진 것 없는 자의 상대적 박탈감에 한 번, 어딜 가나 차이기만 하는 자의 자괴감에 또 한 번. 이렇게 당신의 오늘이 이리 치고 저리 받치며 지나가고 있다. 우린 정말 이렇게 당하기만 하면서, 견디기만 하면서, 참고 또 참으면서 살아야 하나?

내가 주로 하고 있는 기업 강의는 마케팅과 세일즈가 주력이다. 그러다 보니 대다수의 교육생들이 감정노동자다. 다시 말해 소비자와 직접 대면하는 업무를 주로 해야 하는 사람들이다. 화나도 웃어야 한다. 짜증나도 웃어야 한다. 욕을 먹어도 웃어야 한다. 지치고 힘들어도, 스트레스를 받아도 환하게 웃어야 한다.

한 생명보험 회사의 텔레마케팅 센터를 방문했을 때의 일이다. 무슨 이유였는지는 모르겠지만 여자 화장실에서 눈물을 훔치며 나오던 한 여자 직원이 사무실에 들어서서는 조금 전 모습은 온데간데없이 헤드셋을 쓰자마자 유쾌하고 밝은 목소리로 응대하기 시작했다. 뭔가 짠한 기분이 들었다. 그녀만 그랬을까? 우리 주변의 직장인들은 모두가 감정을 억누르고 살아가는 사람들. 감정노동자다.

앰배서더 호텔 컨설팅을 맡았을 때였다. 오전에 호텔 직원들에게 컨설팅 결과에 대한 강의를 했다. 다들 연말이라 바빴을 테고, 일하다가 들어와서 그런지 지쳐 보였다. 하나같이 무표정하고 잔뜩 짜증이 난 사람들 같았다. 오전 브리핑을 마치고 오후 일정이 시작되기 전에 그 호텔 뷔페에서 혼자 점심을 먹게 됐다. 거기서 내게 서빙하는 남자 직원을 보고 깜짝 놀랐다. 천사같이 환한 미소와 밝은 태도로 내게 서빙을 하는데 낯이 익어 곰곰이 생각해보니 불과 15분 전까지만 해도 바스러질 것처럼 건조하고 무표정한 표정으로 내 강의를 듣던 바로 그 직원이었다. 그렇다. 몸에 밴 웃음이다. 의례적인 미소다. 15분 전에 보았던 그 표정이 그 남자의 것이었다는 게 도무지 상상이 가지 않았다.

한국직업능력개발원에 따르면 한국에서 감정노동이 가장 심한 직업 1위는 스튜어디스다. 대한항공과 아시아나항공 승무원들에게 부탁해서 비행기가 목적지에 도착한 뒤에 승객들이 내릴 때 출구 옆에서 환하게 웃으며 인사하는 스튜어디스에게 화답하는 사람이 몇 명이나 되는지 조사해봤다. 환한 미소에 환한 미소로 답례한 승객은 국내선 비행기 탑승객 213명 중 놀랍게도 단지 2명뿐이었다!

라이나생명 전화 상담원 380명을 대상으로 조사해보니 93%가 폭언을 경험했다고 밝혔다. 코리아나 화장품 방문 판매원들 중 81%는 고객에게 감정적 상처를 받아봤다고 말했으며, 다른 방문 판매 조직에서는 21%가 신체적 위협까지 느꼈다고 답했다.

내 얘기도 있다. 쇼호스트로 일하던 시절 새벽 2시에 아버지가 돌아가셨다는 전화를 받았다. 몇 시간 뒤인 아침 8시에 하기스 기저귀 방송을 했다. 그날 콘셉트는 5살 개구쟁이 복장을 하고 웃으며 춤을 추는 흥겨운 분위기였다. 난 열심히 춤을 추며 뛰었다. 울면서 웃었다.

2014년 통계청이 발표한 자료를 보면 전국에 보험 설계사만 16만 명, 전화 상담원은 무려 40만 명이 넘는다. 이들을 비롯해 한국의 전체

고용 인구 1900만 명 중 1200만 명이 서비스 산업에 종사하며 이 중 감정노동자는 600만 명으로 추산된다. 하지만 정부나 언론은 수치에 대한 통계만을 보여줄 때가 많다. 그래서 나는 고객을 상대하지 않는 직종에는 과연 감정노동이 없을까란 질문에 대한 답을 찾기로 했다.

고객을 상대하지 않는 직종으로 5급 공무원, 4개 대학 교수, 가전회사 연구원 등을 대상으로 감정노동 지수를 측정할 수 있는 40가지 항목을 놓고 설문을 실시했다. 결과는 예상과 다르지 않았다. 제약회사 영업사원과 아웃바운드(무작위 전화) 전화 상담 직원의 수치가 똑같이 나온 것이다. 뿐만 아니라 자신의 직업에 대해 감정노동이 심한 직업으로 치면 몇 위라고 생각하느냐는 추가 질문에 모두 스스로 1위라고 답했다.

장기 불황의 시대에 인기 직업이 되어 연간 45만 명이 도전한다는 공무원들은 어떻게 생각하는지 궁금했다.

서울 3개 구청 7급, 9급 공무원 40명을 대상으로 조사해보니 84%는 지금이라도 보람된 다른 직업을 가질 수만 있다면 고민 없이 사표를 쓰고 싶다고 응답했다. 미래에 대한 불안감 역시 영업직과 별반 차이가 없었다. 그럼 은퇴하면 무슨 일을 하고 싶은지 묻는 질문에 대부분은 워낙 박봉이라 저축을 못하고 살아서 사업은 꿈도 못 꾼다고 말했다. 아파트 경비, 택배 기사, 주차장 관리 일을 하는 공무원 선배들을 예로 들면서 그것이 머지않은 미래의 자기 모습이라 답한 사람도 있었다.

무엇보다 107만 대한민국 공무원 중에 70%가 9급이다. 알다시피 9급은 전적으로 사람을 상대하는 일이다. 그들은 민원인의 막말과 욕설을 견디지 못하고 있었다. 감정적으로 괴로워하며 일하는 그들이었다. 하지만 주변의 동정은 없다. 마트에서 손님에게 욕먹은 아르바이트생 사건에 대해서는 광분하는 대한민국이지만, 욕먹는 공무원에겐 내 세금으로 먹고 사는 너희니 그 정도는 감수하라는 인식 때문이다.

한 9급 공무원은 자신에게 심한 욕을 퍼부은 민원인을 칼로 찌르는 꿈을 너무 자주 꾼 나머지 정신과 치료를 받고 있다고 했다. 그래서 민원 처리부서는 새해 '복' 많이 받으라는 덕담을 절대 안 한다. 그들에게 복[VOC]은 '고객 민원Voice Of Customer'을 뜻하기 때문이다.

한 공무원은 출근할 때마다 그날 민원인들에게 듣게 될 쌍욕이 귀에 맴돌아서 도살장에 끌려가는 기분이 든다고 말했다. "오늘 하루도 무사히"를 읊조리며 출근한다 했다. 민원인들에게 욕을 덜 듣는 날에는 뭔가 허전한 느낌이 들어서, 들어야 할 욕의 분량이 채워져야만 하루가 마감될 것 같은 기분이 든다고도 했다.

"보통 화내며 말하는 사람들은 말 중간에 욕이 간혹 섞여 나오는데, 공무원을 대하는 민원인들은 욕 중에 말이 간혹 섞여 나옵니다. 쏟아내는 말의 99%가 욕이죠." 7급 공무원의 말이다.

공무원은 감정노동에서 자유로울까?

- 공무원이라는 직업에 대한 만족도   41.3%

- 미래에 대한 만족도   18.6%

- 공무원 직업의 안정에 대한 만족도   39.7%

- 공무원 월급에 대한 만족도   11.7%

교수 집단도 마찬가지였다. 강의하러 갔다가 만난 모 대학의 교수는 "요즘 교수는 영업사원"이라고 말했다. 고등학교에 학생 유치하러 다니는 일이 가장 큰 업무라면서 얼마나 교수들이 학교를 찾아오면 교문에 '개와 교수는 출입금지'라는 푯말이 있더라고 농담처럼 말했다. 게다가 20년 전이나 지금이나 교수 월급은 그대로라서 일반 직장인 월급에도 못 견주는 박봉이라며 푸념했다. 또 어떤 대학의 교수는 자신의 딸과 비슷한 또래의 고등학교 여자 선생님을 접대하고 비위 맞추느라 고생한 이야기도 들려줬다. 더구나 몇 년 후면 고등학교 졸업 정원보다 대학교 입학 정원의 문이 더 커진다. 대학이 살아남기 위해서는 학생 유치 경쟁이 더 치열해질 것이고 교수들의 설 자리는 줄어들 것이다. 교수마저 영업전선으로 뛰어들게 만드는 이 괴상한 현상을 어떻게 풀어나가야 할까?

나는 여러 직업군을 대상으로 다양한 방식의 조사를 통해 감정노동이 사람들을 어떻게 외롭게 만드는지, 또 어떻게 한 영혼의 자존감을 무너뜨리는지 알 수 있었다. 그런데 시도 때도 없이 좌절과 고립감을 느끼는 감정노동자는 반대로 누군가의 작고 사소한 호의에도 격하게 고마움을 느낀다는 사실을 알게 됐다.

흥국생명의 한 전화 상담 직원은 한 고객이 거절을 하면서도 깍듯이 예의를 갖췄던 게 인상 깊었다고 말했다. "참 수고가 많으시네요. 제가 도움이 못 되어드릴 것 같아 죄송할 따름입니다. 그래도 파이팅하세요." 그녀는 고객의 작은 격려에 큰 고마움과 위로의 마음마저 느꼈다고 했다.

보험 영업하는 설계사들이 꼽은, '고객에게 들은 슬프면서도 고마운 말 한마디'는 "가입은 못 해드리겠지만 여기까지 오셨으니 차라도 한 잔 마시고 가세요."라는 말이라고 했다. 중국 당나라 때 조주선사도 감정이 억눌린 이들의 마음을 일찌감치 헤아려서인지 이런 사연, 저런 연유는 달라도 자신을 찾아온 수행자들에게 "차나 한 잔 마시고 가라喫茶去"고 권했다. 감정노동 시대에 이런 선문답은 오히려 혁명처럼 느껴진다.

오랜 시간 동안 조사한 결과 감정노동자의 특징 하나를 발견했다. 자존감이 많이 무너진 채 일하고 있더라. 감정노동자는 누군가의 작은 다독임이 절실한 사람들이다. 당신은 당신이 지금 하고 있는 일이 감정노동이라고 생각할 것이다. 또한 당신은 전화 속의 음성에서, 마트에서,

거래처에서, 대중교통 안에서 수많은 감정노동자들과 맞닥뜨릴 것이다. 그들에게 차 한 잔 마시라고 권하지는 못할망정 따뜻한 말로 응대해보는 것은 어떨지. 모두가 그렇게 응대해준다면 당신도 언젠가는 위로받을 수 있지 않을까? 이것이 감정노동 공화국에서 우리가 작은 혁명을 시작하는 것일 테다.

당신은 당신이 지금 하고 있는 일이
감정노동이라고 생각할 것이다.
또한 당신은 전화 속의 음성에서, 마트에서, 거래처에서,
대중교통 안에서 수많은 감정노동자들과 맞닥뜨릴 것이다.

그들에게 차 한 잔 마시라고 권하지는 못할망정
따뜻한 말로 응대해보는 것은 어떨지.
모두가 그렇게 응대해준다면
당신도 언젠가는 위로받을 수 있지 않을까?

후회 없이,
점점 더 훌륭하게 실패하라

우리 인생에도 노래방 기계처럼 간주 점프가 있다면 좋겠다.

피하고 싶은 순간, 지우고 싶은 순간, 돌이키고 싶지 않은 순간을 지우고 건너뛰게 말이다. 되감기 기능이 있다면 더 좋겠다. 몇 번이고 뒤로 돌렸다가 다시 재생시켜 좀 더 완벽한 삶을 살게 말이다.

문신에는 고통과 비용이라는 대가가 따른다. 문신을 한 사람의 절반은 그렇게 원해서 해놓고 시간이 지나면 지우길 원한다. 그처럼 우리도 한때는 간절히 원해서 했지만 막상 지나고 나니 그 일이 마음속 문신으로 새겨져 후회로 남는 일들이 있다. 외로움을 비롯한 고통스런 기억들, 후회되는 행동들 말이다. 지우고 싶다.

취업 포털 사이트 '사람인'이 직장인 약 2,600명에게 과거로 돌아가고 싶다는 생각을 해봤는지 조사한 적이 있다. 이 질문을 받은 10명 중 9명은 타임머신을 타고 과거로 돌아가는 공상에 빠져봤다고 답했다. 무슨 공상을 할까? 한국외식산업연구원에서 강의할 때 성공한 요식업 CEO 270명에게 물어봤다. 결과는 다음과 같았다.

과거로 돌아가면 다시 하고 싶거나 바꾸고 싶은 것

1위 더 놀고 싶다. (여행과 취미 포함)

2위 더 연애하고 싶다. (다시 결혼 포함)

3위 가족에게 더 잘하고 싶다. (자녀와 대화, 부모에게 효도 포함)

4위 친구를 더 사귀고 싶다. (유년기, 학창 시절 친구 중심)

후회라는 말은 이미 했거나 하지 못한 일에 대한 정신적 슬픔 또는 고통을 가리킨다. '후회하다'라는 뜻을 가진 영어 단어 'regret'은 본래 '다시 울다'를 의미한다. 우리 모두에게는 과거를 돌이킬 수만 있다면 울며 땅을 치며 되돌리고 싶은 일들이 있다. 당신은 어떤 일이 가장 후회되는가? 지나고 나서 보니 잘못된 선택을 했었나? 결과적으로는 쓸데없는 일에 시간과 활력과 돈을 낭비했나? 남에게 피해와 상처를 줬나?

살면서 우리가 하는 실수는 두 가지다. 하나는 했어야 했는데 안 해서 후회하게 되는 실수가 있고 또 하나는 하지 말았어야 했는데 해버리는 바람에 나중에 후회하게 되는 실수가 있다. 쉽게 말하면 안 해서 후회하거나 해서 후회하거나 둘 중 하나다. 하지만 이 두 가지 바보를 초월하는 바보의 종결은 그 실수를 한탄하면서 "그랬더라면"을 남발하며 자기 자신을 끝없이 괴롭히는 사람이다. "그랬더라면! It might have been!" 미국의 시인 존 그린리프 휘티어John Greenleaf Whittier는 이 말이 "입과 글로 된 모든 슬픈 말들 가운데서도 가장 슬픈 말"이라고 했다. 당신은 '걸' 타령을 하고 있지는 않나? 그때 그럴 걸, 할 걸, 하지 말 걸, 더 공부할 걸, 더 사랑할 걸, 더 잘해줄 걸 하는 '걸' 타령 말이다.

끊임없이 후회하는 것은 담배만큼 무가치하다. 과거를 완전히 잊을 수는 없더라도 계속 자책하는 것은 바보짓이다. 몸은 현재를 살아가면서 마음은 과거를 담고 있다. 우리 뇌의 기억은 과거에 살고 있지만 뇌의 행동은 현재에서 일어난다. 되돌릴 수 없는 일을 자꾸 떠올리면서 과거에 집착하는 것은 흘러가는 물살을 되돌리기 위해 낑낑대는 것처럼 어리석은 태도다. 꼭 공부 못하는 애들이 쉬는 시간에 방금 끝난 시험지의 답을 맞춰본다. 다음 시간 시험 과목을 준비하는 게 더 지혜롭듯이 인생을 이해하기 위해 뒤를 돌아볼 수는 있지만 인생을 살아가려면 앞을 바라봐야 한다.

'그랬더라면…'도 바보짓이지만 '그땐 참 좋았는데…'라며 과거 운운

하는 것도 바보짓과 다를 바 없다. 기억은 사진처럼 정확하지 않다. 기억의 대부분은 정확한 사실fact의 집합이 아니라 내가 선택적으로 기억하고 싶은 것만, 아전인수 격으로 믿고 싶은 것만을 모아놓은 부분집합이다. 기억은 과거 전체 일의 회고가 아닌 끊어진 단편적 정보들을 머릿속으로 재구성한 착각일 뿐이다. 이 재조합 과정에서 인간은 과거의 힘든 기억은 망각시키고 좋은 기억만 기억하려는 습성이 있다. 때문에 과거를 회고할 때 자꾸 그땐 참 좋았지라고 착각하게 된다. 지난 추억은 언제나 더 아름답게 가공되어 기억되는 편향이 있다. 그때도 지금처럼 힘들고 안 좋았다. 다만 좋았다고 착각하는 것일 뿐.

후회는 통증과 닮았다. 할수록 아프다. 살아오면서 가슴 아픈 실수를 저지른 경험은 누구나 있다. 그런가 하면 꼭 실수는 아니어도 그때 내가 다른 결정을 내렸더라면 더 나은 삶을 살았을 텐데 하고 후회하기도 한다. 과거를 괴로워하지 않는 사람은 없다. 끊임없이 괴로워하면서 자학한다. 그러면서 불안감은 커진다. 하지만 괴로워한다고 문제가 해결되나?

후회하고 또 후회하는 일은 마치 흔들의자에 앉아 끊임없이 몸을 흔들어 앞으로 나아가려 하는 짓과도 같다. 계속 힘을 들이는데도 아무 데도 갈 수 없고 늘 제자리다. 그러니 자신의 슬픈 과거와 깊은 상처에만 집착하는 것은 얼마나 비생산적인가?

미국의 선교사인 로버트 슐러Robert Schuller는 "너의 상처scar를 별star로 만들어라.Turn your scars into stars."라고 말했다. 상처는 아프고 고통스럽지만 그 상처를 딛고 일어나야 우리는 더 성장할 수 있고, 더 유연하게 삶에 대처할 수 있으며 더 반짝이는 장성한 모습을 보일 수 있다. 다음은 터키의 시인 나짐 히크메트Nazim Hikmet가 쓴 〈진정한 여행〉이라는 시의 일부분이다.

"가장 훌륭한 시는 아직 쓰여지지 않았다. 가장 아름다운 노래는 아직 불려지지 않았다. (…) 가장 빛나는 별은 아직 발견되지 않은 별."

히크메트는 감옥에서 미래에 대한 희망을 시로 써내려갔다. 과거에 집착하지 않고 다가올 희망만을 노래하는 모습이 얼마나 아름다운가? 지금 외롭고 힘들어도 아직 어딘가에 발견되지 않은 나만의 '희망 별'이 있다고 믿자.

나는 조기 입학, 조기 졸업에 대학원까지 장학생으로 다녔다. 22살에 대기업에 입사했고 승진도 빨랐다. 탄탄대로였다. 후회되는 삶이란 없을 듯싶었다. 쇼호스트를 하면서도 늘 승승장구였다. 그러나 인생 시련을 한 번 경험한 뒤 괴로움의 시간을 보냈다. 시간이 지나도 그 기억이 내 심장에 가시로 박혀서 빠지질 않았다. 죽고만 싶었다. 내게 가장 위로가 된 어머니의 한 마디가 있다.

"아무리 고통스런 기억도 시간이 지나면 잊히게 마련이야. 신이 주신 가장 훌륭한 선물은 망각이란다."

과거에 집착하는 것은 쉽게 감상에 젖어들게 만들고 삶의 의욕을 뭉툭하게 만든다. 과거 아팠던 사건, 슬픔, 당혹감, 기억을 주머니에 고이 간직했다가 한 번씩 꺼내어 곱씹으면서 다시 한 번 부정적 감정을 복습하는 바보짓을 왜 하는가? 스케이트는 날이 날카롭게 서 있어야만 앞으로 나아갈 수 있다. 이성적으로 정신을 날카롭게 만들고 감상의 늪에서 헤엄쳐 나오라. 그래야 미래로 나아갈 수 있다. 지나간 일에 집착해봐야 현재라는 값진 시간을 소모적 시간으로 채울 뿐이다. 오늘 사용하지 않으면 없어질 현재의 에너지를 과거에 집착하는 데 헛되이 낭비하지 않기를.

우리의 기억은 휘발성이 강하다. 한증막 문을 열었을 때처럼 한 줌 수증기처럼 사라질 과거의 기억을 굳이 꺼내어 보고 또 보고 할 이유가 무엇인가? 독일어로 '나벨샤우Nabelschau'라는 말이 있다. '배꼽Nabel'이라는 말과 '바라보다Schau'라는 말이 합쳐진 말이다. 고개를 숙이고 자신의 배꼽만 바라보듯 자신의 과거와 내면의 상처에만 과도하게 집착하는 태도를 비꼬는 말이다. 나아가려면 고개를 들고 앞을 바라봐야 한다. 시간의 방향성은 언제나 일방적이다. 활시위를 떠난 화살이 다시 돌아오지 않듯 지나간 시간은 일직선을 향해 나아가기만 할 뿐 돌아갈 수는 없다. 더욱이 시간은 일회성이라 재사용될 수도 없다.

후회하는 자들은 자신의 감정 시계를 자신이 망가진 시점 직전으로 돌려놓는다. 그리고 이번에는 좋은 선택을 한다. 그러나 이러한 과거로 돌아가는 상상은 꿈속의 잔치 음식과 같다. 공상이 깨지면 여전히 허기지고 허탈하기 그지없다. 과거를 돌이켜 후회하지 않는 삶을 산 사람이 몇이나 있을까? 그간의 설문에 따르면 어느 집단을 대상으로 해봐도 후회 안 하고 산다는 사람들은 전체의 5%도 안 되었다. 의미심장한 건 대기업 사원을 대상으로 해도, 중소기업 사원을 대상으로 해도 살아온 생을 조금도 후회하지 않는다는 비율은 비슷하다 못해 똑같았다는 점이다.

좋은 대학을 나오고, 좋은 직업을 가져도 뒤돌아보니 아쉽고 후회되는 건 다 똑같다. 우리는 누구나 자신이 되고 싶은 어떤 모습을 향해 자신을 만들어간다. 마치 목수가 어떤 모양을 떠올리면서 나무를 깎아나가는 것과 같다. 머릿속에 멋진 의자의 모습을 염두에 두고 깎아나갈 때 무수히 떨어지는 톱밥들은 마치 세월의 흔적 같다. 그 남은 톱밥을 주워 다른 의자를 만들 수 있는 목수는 없다. 당신은 지나간 인생의 회한 같은 무수한 톱밥들로 족쇄를 만들기 위해 지나간 시간에 갇혀 지내지는 않는가?

다이아몬드는 비싸다. 그런데 다이아몬드를 가공하는 세공 장인은 그 비싼 원석의 60%를 과감히 깎아버린다. 깎여나간 다이아 원석은 쓰레기가 된다. 하지만 과감히 버린다. 아까워하지 않는다. 후회는 당신 삶의 노력의 부스러기들을 주워 담으려 애쓰는 꼴과 비슷하다. 과감히 버려야만 모든 면에서 빛이 나는 아름다운 다이아몬드가 된다.

실패 자체는 나쁜 게 아니다. 실패보다 더 치명적인 것은 낙담이다. 구글의 문화에는 "잘 실패하라.Fail well."라는 말이 있다. 구글에서 혁신 창의성 프로그램을 담당하고 있는 프레드릭 페르트Frederik Pferdt는 "실패한 사람은 비록 성공하지 못했다 해도, 자신이 도전한 분야에 대해 가장 많이 경험한 사람이다. 그 과정을 거쳐 또 다른 도전에 나서도록 격려하는 프로그램"이라 했다. 바둑판 위에 의미 없는 돌은 없듯 한 땀 한 땀 걸어온 내 인생의 자취도 의미가 없을 수는 없다. 전직 미 국무 장관 헨리 키신저Henry Kissinger는 "역사는 실패로 끝난 노력들, 실현되지 못한 염원들에 관한 이야기"라 했다. 우리 삶 전체가 어쩌면 실패의 경험으로 이루어져 있음을 함축하는 말이다.

몸은 시간과 함께 흘러가는데 마음만 실패한 과거에 머물러 있다면 당신의 삶은 나뉜 채로 살고 있는 거다. 현재 몸 담고 있는 시간도 지나간 과거가 되었을 때 후회하지 않을 자신이 있는가? 우리가 현재라고 말하는 순간도 다시는 돌아오지 않는 특별한 시간이다. 우리는 매 순간 미래에서 오는 특별한 시간을 맞이하면서 동시에 매 순간을 과거로 떠나보낸다. 과거에 얽매여 헛되이 연연하기보다는 매 순간 맞이하는 현재의 시간에 감사하고 이를 의미 있게 사용해야 한다.

지금 하고 있는 일 역시 미래의 후회 목록 중 하나로 추가하지 않으려면 현재에 충실해야 한다. 과거를 괴로워할 시간에 현재와 미래에 힘을 쏟는 게 답이다. 우리는 운전할 때 거리의 가로수 같은 지나간 풍경에는 마음을 두지 않는다. 과거에 골몰하는 것은 운전하면서 계속 백미러만 쳐다보는 것과 같다. 운전에 방해만 될 뿐이다. 과거는 뒤로하고 앞에 있는 것들을 향해 몸을 내뻗어야 한다. 이미 지나간 시간은 내가 통제할 수 없는 것이지만 앞날은 그렇지 않다. 새 목표를 향해 앞으로 힘껏 나아가자.

단순하고 행복한 인생을 위한
일상 가지치기

　　소비 사회다. 마케팅의 요점은 이것이다. 대
한민국에서는 하루에만 신용카드를 3000만 번씩 긁어댄다. 빚으로 소
비하는 시대다. 거의 모든 사회 구조는 상업적으로 맺어져 있다. 나도
홈쇼핑에서 방송을 하면 "무슨 날이니까", "무슨 이벤트니까" 구실 타
령하며 늘 소비자 지갑을 털었다. 교묘하고 치밀하며, 계획적이고 의도
적으로 결국 시청자 지갑을 뺏었다. 반성한다.

　흔히 우리는 물질적 소유를 통해 자신이 어떤 사람인지, 어떤 사람
이 되고 싶은지를 주변 사람에게 알린다. 그래서 여자는 명품에 미치고
남자는 차에 영혼을 건다. 여자는 마음속으로 안 걸쳐본 백이 없고, 남
자는 마음속으로 안 타본 차가 없다. 이런 사실을 알고 있는 마케팅 전

문가들은 물건의 상표, 특히 유명 상표를 특정 생활 방식이나 가치와 연관 지으려고 한다.

당신은 다른 사람이 자신을 어떤 사람으로 봐주기를 원하는가? 자신이 어떤 사람이라고 생각하는가? 광고는 당신이 특정 상표의 물건을 사기만 하면 그 상표가 지닌 가치가 당신이 원하는 모습을 만들어줄 수 있다고 유혹한다.

자가소비비율, 즉 가족이나 남을 위해서가 아니라 자기 자신을 위해 돈 쓰는 비율이 점점 늘고 있다. 외로움의 현상이다.

차 좋아하는 남자 직원들이 많다. 한 남자 쇼호스트가 특히 그런다. 사무실 컴퓨터 배경화면도 슈퍼카로 깔아 놨다. 틈만 나면 검색한다. 살 능력은 안 되니 '눈팅'으로 대리 만족한단다. 그런 차가 뭐 별거냐니까 제로백(정지 상태에서 시속 100km까지 도달하는 시간)이 3초라며 찬양한다. 시속 300km가 나오면 뭐하나? 서울 도심의 평균 시속은 25.7km다.

난 낡은 소형 중고차를 탄다. 외제차 리스 비용, 할부금에 허리 휠 일 없고 차 '님' 다치실까 봐 불안하지도 않다. 가뜩이나 걱정거리도 많은데, 움직이는 소유물까지 한몫 거들면 너무 힘들지 않나?

한 PD는 시계를 참 좋아한다. 월급을 열심히 모으는 이유 1순위는 마음속에 점찍어둔 시계를 사기 위함이다. 한번은 방송이 끝나고 사무실로 내려가니 여성지에 실린 비싼 시계를 설명하는데 영하 50도에서도 끄떡없고 수심 1,000미터까지 방수가 된단다. 우리 평생 남극이나 그런 깊은 물속에 들어갈 일이 없는데.

소유물이 늘어날수록 삶의 질은 정반대로 떨어질 수 있다. 그 물건을 관리하려면 시간과 돈이 든다. 할부란 빚을 내서 소비하는 행위다. 소유물은 늘어나지만 빚의 종이 되어 갚아나가기 위한 스트레스와 압박감도 늘어난다. 사람들은 외로움을 느낄 때 더 많은 지출과 소비를 통해 보상을 받으려는 심리가 있다. 하지만 쇼핑하고 돈 쓰는 것은 해결책이 아니다. 그건 가라앉고 있는 배의 갑판을 수리하려는 것과 같다. 감정이 침몰하는데 당신은 외모를 치장하고 있다. 단언컨대 공허감은 쇼핑이 채워줄 수 없다. 장마철 곰팡이 낀 벽지에 새 벽지만 덧입히는 격이다.

나는 그동안 마케팅과 유통업에 종사해오며 마케터와 쇼호스트로서 마케팅 전략을 짜왔다. 대학원에서도 광고를 전공했고, 지금도 마케팅 컨설팅 회사를 운영하고 있다. 그래서 더더욱 이렇게 말할 수 있다. 광고는 광고가 주는 외부적인 압력에 더해 우리 자신의 감정과 습관에도 과소비를 하라고 부추긴다. 간접 광고, 입소문 마케팅, 스텔스 마케팅(체험단을 모집해 후원을 하고 그들이 일상에서 그 제품을 애용하면서 열정적으로 홍보하는 것) 등 수법도 다양해졌다.

광고인 듯 광고 아닌 광고 같은 것들 때문에 헷갈린다.

뉴스가 뉴스던가? 각종 이해관계가 얽혀 있는 광고들…. 가령 건강 채널에서 홍삼의 유익한 효능에 대해 특집 방송을 한다. 그날 저녁 뉴스에서도 홍삼이 좋다고 기자가 외친다. 자정이 되자 홈쇼핑에서 6년근 홍삼 특집 판매 방송을 한다. 이 모든 것이 우연이라고 생각하는가? 나도 하는 일이 마케팅이지만 여전히 이런 전략을 기업들에게 짜주고 있다. 광고주는 당신의 지갑 속에 든 돈만을 원할 뿐이다. 그게 광고의 진짜 속셈이다.

당신은 당신이 무수히 접하는 마케팅에서 진심을 느껴본 적이 있는가? 한번은 방송을 시작하려는데 스튜디오 프리뷰 모니터를 보니 앞 방송 쇼호스트가 클로징 멘트로 "고객님 사랑합니다~"라며 하트를 날렸다. 뒷방송을 받아서 오프닝 첫 멘트로 외쳤다.

"카메라 뒤에 보이지도 알지도 못하는 사람을 사랑한다는 말, 믿으십니까? 사랑은 오랜 시간 함께하며 키워가야 생기는 건데 보지도 못한 남을 사랑한다니 요즘 사랑 참 많이 남발합니다. 그렇게 고객 사랑한다는 쇼호스트들이 고객 지갑 못 열어서 혈안이 되어 있습니까? 돈 쓰지 마십시오."

물론 그날은 연금 저축에 대한 방송이었다.

홈쇼핑의 재미난 사실을 하나 알려드린다. 통상 홈쇼핑 방송은 한 프로그램 당 1시간 정도 진행한다. 마음먹고 딱 1시간만 홈쇼핑을 지켜보라. 쇼호스트들이 정확히 10분 정도마다 방금 했던 말을 똑같이 앵무새처럼 반복한다는 것을 알아차리게 될 것이다. 분명 시청자들이 계속 지켜보고 있다는 걸 알 텐데도 몇 분 전에 했던 말을 다시 하고 또 다시 하고 또 다시 한다. 녹음된 테이프가 돌아가듯 말이다. 국어사전에 등재된 단어가 약 50만 개라고 한다. 그런데도 그들에게서 더 이상 신선한 표현은 안 나온다. 진심이 느껴질 리 없다. 영혼 없는 좀비가 외치는 듯한 반복된 메아리 같다. 눈빛은 공허하고 외침은 단조롭다. 그냥 사란다. 다른 채널로 돌리면 거기서도 사란다.

프레젠터의 고급 소양 중에 "눈빛에서도 매너리즘을 빼라."라는 말이 있다. 적극적으로 보려고 애쓰는 간절한 눈빛an eager glance 없이 공허한 눈빛에서 진심을 읽어낼 수 있는가?

당신이 보고 있는 마케팅에는 진심이 없다.

2010년에 발표된 트렌드 모니터 보고 자료를 보면 홈쇼핑 고객 10명 중 9명이 충동구매로 물건을 산다고 답했다. 목적 구매는 없는 것이나 마찬가지다. 당신은 어디까지, 얼마나 광고에 자신을 노출시키고 있는가? 차라리 홈쇼핑 채널을 지우는 것도 방법이겠다. 쇼핑몰에서 무수히 날아드는 메일도 수신 거부하라.

전·현직 쇼호스트 23명에게 물었다.

"쇼호스트란 무엇이라 생각하는가?"

23명의 쇼호스트 전부 100% 자신은 방송인이라 생각한다고 답했다. 과연? 내 눈에는 물건 파는 세일즈맨이 정답이다. 다음을 비교해보면 쇼호스트는 결코 방송인이 아니라 세일즈맨이라는 사실에 동감하게 된다.

방송인(일반채널출연자)과 쇼호스트(상업채널출연자)의 차이점[14]

방송인	쇼호스트
불특정다수를 대상으로 한다. (everybody)	특정인을 대상으로 한다. (somebody)
비목적성 접근이다. (non-intention)	목적성 접근이다. (intention)
재미가 있다. (funny)	진지하다. (serious)
심의 수준이 약하다. (low-regulation)	심의 수준이 강하다. (high-regulation)
브랜드를 유지한다. (Brand maintenance)	브랜드를 구축한다. (Brand building)
자기 지향적이다. (self-directed)	타인 지향적이다. (other-directed)
시각적이다. (visual)	언어적이다. (verbal)

위의 표는 내가 쓴 논문에서 인용한 것이다. 이처럼 쇼호스트는 분명한 목적을 가지고 고객 지향적으로 언어를 쏟아낸다. "지갑 열라고. 어서 열라고." 고상하고 품위 넘치는 모습인가? 껌은 아무리 고상하게 씹어봐야 고상해 보이지 않는다. 마찬가지로 세일즈와 마케팅은 천박하다. 어쩔 수 없다. 돈을 벌어야 하니까. 모든 쇼호스트에게서 뗄 수 없는 공통분모의 외침이 있다. "이건 꼭 사야 돼!" 과연 그런가?

한 출판사에서 마케팅 번역서를 출간하는데 추천사를 써달라고 연락이 왔다. 혁신 전문가 드루 보이드와 IDC(Interdisciplinary Center Herzliya) 경영대학원 교수인 제이컵 골든버그가 쓴 《틀 안에서 생각하기》라는 책이다. 이 책에는 핵심 제거 기법이란 것이 소개되어 있다. 제품에서 꼭 필요한 핵심을 제거해서 오히려 더 큰 효과를 보는 방법이다. 가령 DVD 플레이어에서 버튼을 제거해 얇게 만든다거나, 의료 전자 장비에서 모니터를 없애 환자 자체에 집중하게 하거나, 케이크 믹스에 필수적인 계란 분말을 빼서 직접 신선한 계란을 넣도록 하는 식이다. 우리 삶에도 '당연히 마땅히 있어야 하지만' 과감히 제거해버리는 핵심 제거 기법이 적용될 수 있다.

나는 젊은 시절에 수화 봉사를 해서 점자책을 조금 읽을 줄 안다. 점자를 보라. 단지 단순한 점 6개가 이 세상 모든 글자를 다 표현할 수 있다. 우리 삶을 영위하는 데에도 물건의 가짓수가 생각만큼 많이 필요치 않을 수 있다. KB손해보험 직원 300명을 대상으로 '당신에게 없어서는 안 될 꼭 필요한 당신의 물건'을 적어보게 했다. 평균 17개밖에 적지 못했다. 흥미로운 건 중앙대학교 학생들 75명 대상으로 동일한 실험을 했는데 역시 평균 16개 정도밖에 적지 못했다는 것이다. 졸업을 하고 돈을 벌고 삶이 조금 더 윤택해졌다고 해서 필요한 물건의 가짓수가 크게 늘어나는 건 아니라는 점을 보여주는 대목이다. 겨우 20개도 안 되는 물건이면 족하다는데, 사람이 살아가면서 그다지 많은 것이 필요치 않은데도 우리는 매일 쇼핑 목록을 인터넷 장바구니에 열심히 담고 있다.

"홈쇼핑을 꺼라." 한때 잘나가던 쇼호스트의 조언이다.

내 삶의 테마 중 하나는 단순한 생활이다. 단순한 삶을 동경하는가? 영국의 여론조사 기관인 입소스 모리Ipsos Mori는 2014년에 한국인의 50%가 단순한 삶을 동경한다고 발표했다. 나 역시 그렇다. 내 집 풍경은 무척 정물적이다. 물건은 늘 그 자리에 있다. 시간이 멈춘 듯. 물건이 몇 개 안 돼서 그런 것도 있다. TV도 없다. 홈쇼핑에서 물건 사본 적도 없다. 그래서 내 집은 빈집 같다. 나에겐 한없이 게을러질 수 있는 작은 침대와 나의 머리를 혁신의 공장으로 만들어주는 긴 사무용 책상이 있다. 이것이 내 집에 있는 가구의 전부다.

한번은 집에 놀러온 지인들이 "이 집은 벽시계조차 없네."라고 했다. 난 창밖을 가리켰다. 창밖 도로 건너 초등학교 건물 벽에 커다란 시계가 걸려 있는데 그걸 보고 산다 했다. 그래도 내 단순한 삶은 풍요로움에 넘친다. 열망하는 삶보다 단순한 삶이 평화를 가져다준다. 버락 오바마 대통령은 파란색과 회색 양복만 입는다. 결정할 일이 너무 많아서 옷 입는 문제 같은 일상적 삶은 단순하게 하고 싶었다고 말한다.

삶이 조금 불편해진다고 행복마저 불편해지는 건 아니다.

간디는 "남들이 단순하게 살 수 있도록 검소하게 살라.Live simply that others may simply live."라고 했다. 조금 부족한 듯 단순한 삶을 추구하는 것이 더 큰 만족감을 가져다줄 수 있다. 주변의 시선에 당신이 검소하게 비춰지는 것은 결코 창피한 일이 아니다. 그러니 이제 물건이랑 사귀는 일은 그만두자.

인구는 늘어나는데 친구는 줄어든다. 아예 없는 경우도 많다. 친구가 아예 없다 보니 결혼식 사진 찍을 때 옆에서 친구 역할 해주고 밥 얻어먹고 가는 대행업도 있다. 친구에 대한 필요는 자연히 애완동물이나 애착 물건으로 쏠린다. 애견보험 방송을 했는데 대박이 났다. 극단적인 경우지만 백만장자 리오나 헴슬리Leona Helmsley는 사망하면서 자신의 애완견에게 1200만 달러나 되는 유산을 남겼다. 이런 사람들에게는 강아지가 마치 사람처럼 소중하다. 생명체에 대한 애정은 그래도 괜찮다.

심각한 건 사물에 대한 애정이다. 영국의 정신분석학자 도날드 위니코트Donald Winnicott 박사는 이행 대상移行對象 ; transitional object이라는 개념을 말한다. 아이가 담요나 인형 같은 대상을 마치 자신의 자아와 거의 동일하게 여기게 된다는 말이다. 갓난아기는 생후 9개월 정도가 되면 생물과 무생물을 구별할 수 있게 된다. 하지만 3살까지도 인형에 뇌가 없다는 건 이해하지 못한다. 그리고 통상 5살 미만까지는 모든 사물에 영혼이 있다고 믿는다. 5살이 넘어가면서 사물은 생명이 없는 그저 물건일 뿐이라는 것을 자각해나가게 된다.

이 개념을 좀 더 발전시키면 다 큰 성인이 생명 없는 물건에 생명을 부여하고 집착하는 것을 말할 수 있겠다. 친구 없는 외로운 세상에서 살다 보니 성인이 되었는데도 여전히 소유물에 인간적 영혼을 느끼고 사는 사람들이 증가하고 있다. 자기도 모르게 스스로 사물에 살아 있는 감정을 불어넣는 성향을 갖게 되었기 때문이다. 장난감 가게의 어느 직원은 손님이 인형을 사갈 때 반드시 인형 머리가 포장지 밖으로 나오게 포장한다. 행여 인형이 숨 막힐까 봐서다. 인형 가게에서 오래 일하다 보니 자신도 모르게 인형에 생명력을 부여하며 지내고 있는 것이다. 쇼핑업에 오래 종사하다 보니 별소리를 다 듣게 되는데 한 여성은 자신의 명품 백을 가리켜 "우리 애기~"라고 하더라. 당신이 아무리 당신의 소유물에 애정을 쏟고 예뻐해 봐야 그것들은 "나도 당신 사랑해"라고 말해주지 못한다. 당신을 안아줄 수도 없다. 그것은 언젠가 녹슬고 헤질 차가운 물건일 뿐이다.

광고 전공자로서 한마디 하자면 '광고쟁이'들이 광고를 만들 때는 '사람들은 익숙한 것에는 눈길을 주지 않는다.'라는 전제에서 출발한다. 그러니 자꾸 새로워 보이게 포장하고 자극적으로 덧씌우기만 한다. 마케팅에서 '케이크 아이싱'(구워진 빵에 생크림 등의 재료를 발라 케이크의 표면을 매끄럽게 마무리하는 과정)이라는 말을 쓴다. 케이크 빵 맛이 더럽게 없으면 케이크 위에 바르는 크림과 의미 없는 장식품으로 최대한 포장해서 팔아먹으라는 말이다. 그것도 모르고 껍데기 보고 좋다고 돈 쓰는 사람이 불쌍하다. 오늘도 한 명 당했군. 쉽게 현혹되지 마라. 당신 지갑만 얇아진다.

홈쇼핑은 '할인', '세일', '인하'라는 세 단어가 가장 힘 있다는 걸 안다. 소위 업택up-tag 가격이라는 게 있다. 일부러 더 높은 가격을 써놓고 그 위에 취소선을 쫙 그은 다음 할인된 가격을 다시 써놓는 방법인데 소비자들은 그럴 때면 미친 듯 산다. 그러고서도 제 값 다 준 거란다. 타 홈쇼핑에서 온 경력 PD가 있었다. CJ에 입사하니까 계열사 음식점, 상점 등을 이용할 때 35%나 할인되는 직원 할인 카드가 나와서 좋았단다. 그런데 웬걸. 1년 지나 보니 할인되는 만큼 절약한 게 아니라 오히려 카드 값만 훨씬 늘었다고 했다. 쇼호스트 동료가 휴대폰 줄을 자랑한다. 40만 원짜리 명품이란다. 허영의 단면이다. 내겐 1만 원짜리 개 줄로도 안 보였다.

오늘날 기업, 광고업계는 물질주의에 사로잡힌 소비자들이 돈을 쓰도록 만들기 위해 온통 혈안이 되어 있다. "당신은 제일 좋은 것만 써야 한다," "당신은 최고를 누릴 자격이 있다."라는 생각을 조장한다. 나도 흔히 쓰던 방송 멘트가 있다. "열심히 살아온 당신 자신에게 주는 선물인데 이 정도도 못하시겠나요?" 우리는 그런 생각을 여과 없이 받아들인다. 즉, 당신은 "그럴 자격이 있다.You deserve..."라는 주입식 심리가 결과적으로 우리를 피폐하게 만든다. 당신은 관심 받을 자격이 있다. 사랑받을 자격 있다. 스트레스를 마음껏 풀 자격이 있다. 맘껏 누릴 자격이 있다. 당신 삶은 멋질 자격이 있다…. 참 무분별하고 유해한 욕망을 낳게 한다. 결핍과 허전함을 쇼핑으로 채우려 들지 마라. 더 외로워진다.

"당신에게 버킷 리스트가 있는가?"라는 질문을 3년간 1월 초에 직장인 4,100명에게 물어봤다. 무려 72%가 있다고 답했다. 하지만 버킷 리스트가 노동 생산성을 높이고 근무 동기를 높일까? 아니면 더 벌기 위해 더 높은 잣대를 세우고 조금만 참자 조금만 버티자 외치다가 삶의 배곯음과 고달픔만 가중시킬까? 버킷 리스트가 사람 망친다.

여러 연구 결과에 따르면, 쇼핑을 하고 돈을 쓰고, 그러기 위해 더 부를 축적하려고 애쓰는 사람은 행복감은 줄어들고 우울감은 높아지는 경향이 있는 것으로 드러났다.[15] 시야각이 가장 넓은 동물은 말이다. 말의 시야는 360도나 된다. 앞 뒤 사방을 다 볼 수 있다. 결코 부러운 거 아니다. 그래서 말은 달릴 때 산만한 경우가 있다. 경마에서 눈가리개를 하는 이유가 거기 있다. 집중하는 데 방해가 되기 때문이다.

당신의 눈을 희번덕거릴수록 당신 지갑을 털려는 세상 온갖 추잡한 마케팅이 눈에 들어와 삶이 복잡해진다. 단순한 삶은 초라하고 볼품없는 삶이고 쇼핑으로 주렁주렁 치장한 화려한 삶은 당신을 매혹적이고 세련되어 보이게 만든다고 생각하는가? 레오나르도 다빈치는 "단순함이야말로 가장 궁극적인 세련됨이다."라고 칭송했다. 나무도 곁가지를 잘라내는 가지치기를 해야 열매를 더 풍성히 맺는다. 우리의 삶에도 가지치기가 필요하다. 단순한 삶이 오히려 더 풍요로움을 줄 수 있다. 삶을 복잡하게 채우고 있는 잡다한 것들을 제거하자.

조금 부족한 듯 단순한 삶을 추구하는 것이
더 큰 만족감을 가져다줄 수 있다.
주변의 시선에 당신이 검소하게 비춰지는 것은
결코 창피한 일이 아니다.

그러니 이제 물건이랑 사귀는 일은
그만두자.

타인과 인생의 시간을 공유할 때
누릴 수 있는 풍요

     퇴근 후 술 한잔하자고 하면 선약이 있다고 핑계대고 그 시간에 헬스장에 가서 몸을 가꾸거나 영어 학원에서 토익 공부를 한다. 소모적 술자리에서의 '함께'보다 생산적 자기계발의 '홀로'를 선택한 거다. 주말에는 친구를 만나는 대신 자격증 공부를 한다. 사람 만나서 수다 떨며 시간을 낭비할 바엔 더 생산성 있는 일을 하겠다고 생각한다. 누가 만나자고 하면 다른 스케줄이 있다고 둘러대고 집에 와서 쉬면서 충전하는 쪽을 택한다. 알고 지내는 사람도 많고 사회성도 높으며 일도 잘하고 늘 바쁘지만 정작 진짜 친구는 없다. 이런 사람들을 '활동형 외톨이'라고 부른다.

조사해보니 활동형 외톨이는 직종과 연령에 따라 차이가 났다. 주로 외근직보다는 사무직일수록 활동형 외톨이 비중이 많았고 4,50대보다는 2,30대에서 비중이 높았다. 또 자신을 활동형 외톨이라고 인식하는 사람일수록 좋은 직장, 좋은 학벌을 가진 집단이 많았다. 똑똑하고 뛰어난 사람들인 건 알겠는데 그렇다면 그들은 그 좋은 머리만큼 따뜻한 심장을 가졌는가? 유창한 혀만큼 선한 가슴을 가졌는가?

활동형 외톨이들은 방어적인 성향이 강해서 쉽게 마음을 터놓지 못한다. 간만에 사람을 만나 이야기를 하면 쉽게 자신을 포장하는 경향이 있다. 지금의 처지와는 별개로 마음은 항상 미래의 야망에 놓여 있으니 그럴 수밖에. 꿈과 야망을 갖는 것과 별개로 자신을 포장하려고만 하는 말과 행동은 타인과 나 사이에 벽을 만든다.

그들은 사람을 계산한다. 바로 그 습관 때문에 자신이 힘들어질 거라는 사실을 모른 채. 그들은 사람을 놓고 이리저리 저울질한다. 그러다 보니 직관을 무시한다. 만남에는 언제나 개연성이 존재한다고 생각하기에. 이 밖에도 그들은 급한 성격, 조급한 마음씨, 까다로운 개성, 다른 사람의 말에 집중하지 않는 태도를 가지고 있다. 나만 최고라는 인식에서 헤어나지 못한다. 퇴근 후에 누구랑 의미 없는 수다라도 떨게 되면 학원 갈 생산적 시간에 다른 사람과 시간만 낭비하고 있다는 생각이 들어 심기가 불편하다. 대화에 적극적이지도 않고 상대를 즐겁게 해쥐야겠다는 의지도 없이 심드렁하게 듣고 기계적으로 반응한다. 밥상 앞에서 깨작거리는 남편을 위해 즐겁게 밥 차려줄 아내가 없듯 대화에 깨작거리며 찬밥 같은 대화 분위기를 만들고 있는데 누군들 달가울까? 내가 불편하면 상대방도 불편하다.

의도적으로 행복을 얻고자 하는 사람들은 외톨이가 될 수밖에 없다. 그들은 자연스런 관계보다 자신이 머릿속에 그리고 있는 고상한 관계만을 추구한다. 늘 자신이 설정해둔 기준과 수치가 있기에 그 기준치에 도달하지 못하는 사람에게는 만족하지 못한다.

미국의 비즈니스 잡지 〈석세스Success〉의 초대 편집장 대런 하디Darren Hardy는 이기적으로 살아야 성공한다고 말했다. 농구 황제 마이클 조던은 "성공하려면 이기적이어야 한다. 최고가 되고 나면 그때부터 이타적이 되어 남도 돕고 살 수 있다."라고 말했다. 그런데 이기적으로 살던 사람이 여유가 생겼다고 뒤늦게 이타적으로 바뀔까?

연말에 중앙대학교 강의를 하며 취지를 설명한 후 강연장 뒤편에 모금함을 마련해놓고 학생들 40명에게서 자발적 모금을 받았다. 비슷한 시기 한 협회 회원사 CEO 40명을 대상으로도 역시 동일하게 모금을 받았다. 걷힌 돈은 아이러니하게도 학생들 쪽 기부금이 더 많았다. 성공했다고 이타적이 되지는 않더라. 2008년 〈사이언스〉에 실린 논문에서는 다른 사람을 위해 돈을 쓸 때 행복감이 더 커지는 것으로 나타났다. 2011년 〈헬스 사이콜로지Health Psychology〉에서는 사심 없이 남을 돕는 사람이 더 오래 살았다고 밝힌다. 이타적일수록 행복감은 높아지는 것으로 나타났다. 이들은 그걸 모른다.

불교의 〈잡보장경雜寶藏經〉에 나오는 무재칠시無財七施를 보면 "돈이 없어도 얼마든지 남을 도울 수 있다."라고 가르친다. 예를 들면 남에게 격려와 위로의 말을 해줄 수도 있고 양보하고 몸을 써서 도움을 베풀거나 마음 써주는 식으로 얼마든 남을 위할 수 있다.

슬프고 힘들 때 단지 손 잡아주고 포근히 안아주기만 해도 큰 위안을 받는다. 심지어 이런 구체적 행동을 하지 않고 단지 곁에 있어주기만 해도 우리는 안정감을 느끼며 위로를 받는다. 영장류 학자 프랑스 드 발Frans de Waal은 코끼리에게서 이런 행동을 발견했다. 북부 태국의 코끼리 캠프에서 코끼리 26마리를 1년 이상 관찰했더니 괴로워하는 코끼리에게 근처에 있던 다른 코끼리들이 다가와서 코로 얼굴을 쓰다듬거나 부비더라는 것이다.[16] 하찮은 미물도 곁에서 위로가 되어주고자 한다. 하물며 우리 인간이 귀찮다는 이유로 단지 곁에 있어주는 작은 일조차 못한다면 그는 과연 외롭다고 말할 자격이 있을까?

라면 한 그릇을 끓이려면 5분도 안 걸린다. 조리법도 간단하다. 그 끓이기 쉬운 라면 한 그릇만 먹어도 포만감과 든든함에 그렇게 따뜻해질 수가 없다. 당신은 누군가에게 단 5분 만이라도 따뜻함과 포만감을 느끼게 해준 적 있는가? 5분이면 끓는 라면 한 그릇만 한 만족감도 주지 못하면서 내 가슴이 비었다고 하소연하는가? 라면 하나 끓이기 위해서도 수고로움이 필요하듯 삶의 풍요로움도 타인에게 다가가는 노력이 필요한 게다.

이제라도 다른 사람을 위해 무언가를 해야 한다. 다른 사람이 나를 필요로 한다는 느낌을 갖게 해야 한다. 지금부터라도 복잡하게 계산하는 관계를 중단하고 돈 세는 손이 아닌 누군가의 아픈 이마를 짚어주는 따뜻한 손이 되어보라.

나는 불안한 주인공보다
안락한 가장자리가 좋다

방송 아카데미 제자들 중에 개그맨이 된 학생들이 있다. 그런데 개그 프로에서 하나도 웃기지는 않고 진지하기만 하다. "너도 좀 웃겨봐." "저는 니주예요."

개그맨들이 코너를 짤 때 '니주'라는 역할이 있다. 소위 메인 역할이 더 웃기고 돋보이게 하기 위해 옆에서 평범한 캐릭터로 나와서 주인공을 받쳐주는 역할이다. 니주는 절대 튀거나 돋보이거나 웃기려 해선 안 된다. 그러면 그 코너 망한다. 니주는 그저 웃기는 주인공을 위한 도우미일 뿐이다. 그것에만 충실해야 한다. 개그 프로가 아무리 재밌어도 사람들은 웃긴 역할(이걸 '오도시'라 한다.)만 기억하지, 웃기는 데 도움을 준 역할(니주)은 기억하지 못한다. 그럼에도 재밌는 건 니주는 꼭 후배가 하는 게 아니라는 사실이다. 선배라도 니주를 잡으면 코너를 위해 충실히 자기 역할에만 매진한다.

그나마 출연이라도 하면 낫지. 뮤지컬 공연에서는 출연 배우가 문제가 생겨 무대에 서지 못할 경우를 대비해서 빈자리를 채우는 대타 배우를 '스윙'이라 부른다. 이들은 공연이 끝날 때까지 무대에 오르리란 보장도 없는 보험 같은 존재다. 그럼에도 배역을 충실히 연습하며 공연 내내 긴장감 있게 대기한다.

주인공이 되고 싶나? 오도시가 되지 말고 니주가 되자.

학창시절 내 존재감은 졸업 후 누구도 내 이름조차 기억 못할 정도로 있는 듯 마는 듯했다. 바닷속 물방울 하나 같았고 저울 위에 얇게 앉은 먼지 정도의 존재였다. 주인공이 되어본 적이 없다. 쇼호스트가 되고 나서 방송을 하게 되니 스포트라이트를 받는 듯 했다. 스튜디오에서 4대의 카메라가 뚫어지게 나를 보니 그런 줄 알았다. 아니었다. 시간이 지나고 보니 홈쇼핑의 주인공은 상품이었다.

정말 주인공이 되어본 적이 딱 한 번 있다. 첫 책 출판 기념회 때 수백 명이 나를 보기 위해 왔었고 꽃다발도 들 수 없을 만큼 받았다. 택시에 꽃들을 싣고 집에 가서도 계속 심장이 쿵쿵…. 진정이 안 됐다. 하지만 자고 나니 다음 날 일상은 다시 전과 다름없이 시작됐다. 각자 자신의 삶이 중요할 뿐 내 삶이 남의 영역보다 크지는 않더라.

우리가 아무리 뛰어나다고 해도 인류라는 바다에 잔물결 하나 일으키지 못하고, 세월이라는 모래밭에 발자국 하나 남기지 못한다. 삼화페인트의 한 영업사원이 무덤하게 말했다. "무시당해도 아무렇지 않아요. 어차피 직장의 가장자리니까요." 왠지 참 편안해보였다.

바퀴는 축을 중심으로 회전한다. 자신이 중심축이라 생각하고 인생의 모든 기준과 잣대를 자기중심적으로 세우고서 살아가는 사람이 많다. 자신이 세운 기준에 따라 다른 사람을 판단하려고 하며, 자신이 겪어보지 못한 삶은 이해하지도, 이해하려고도 하지 않는다. 그래서 그런 사람들은 마음에 안 들면 쉽게 내뱉는다. "그 사람 이해할 수가 없어." 그 사람도 당신 이해 못하고 있다.

수천 명의 직장인을 직접 만났지만 자기 회사 욕 안 하는 집단은 단 하나도 없었다. 그런데 그렇게 회사를 욕하고 회사에 애정도 없다고 말하면서도 정반대 심리가 하나 있더라. "나 없으면 회사 안 돌아가야 한다." 이런 사람을 마케팅에서 린치핀linchpin이라 부른다. 린치핀이란 마차나 자동차의 두 바퀴를 연결시키는 쇠막대기 축을 말한다. 즉, 가장 중심을 의미하기도 하고 누구도 대체할 수 없는 꼭 필요한 핵심 부품 같은 존재를 말하기도 한다. 당신도 린치핀 같은 존재, 주인공이 되어야만 하는가?

외국 회사에 근무할 때 나의 영어 이름은 회사의 '중심herb'이 되겠다는 야욕으로 허버트Herbert(줄여서 허브라고도 부른다.)였다. 나 없으면 일이 안 돌아가게 만들어놨었다. 모니터엔 보안 필름을 붙여서 옆에서 쳐다봐도 보이지도 않게 해놓고, 퇴근 시엔 모든 서랍을 열쇠로 잠가버리고 업무 공유도 안 되게 했다. 근데 외국 회사는 문화가 다르더라. 내가 없어도 일이 잘 돌아가게 해놔야 유능한 사원으로 인식되었다. 더구나 나 외엔 아무도 업무를 모르게 해놓으니 쉬는 날도 연락이 끊이질 않고 몸이 아파도 대체할 인재가 없다는 이유로 아픈 몸 질질 끌고 회사를 나와야만 했다. 퇴근할 때 몸은 회사를 나와도 영혼은 계속 사무를 보는 꼴이고 언제 출동할지 모르는 119 소방관 같았다.

CJ에서 일할 때 홍삼 방송을 독식했었다. 수년이 지나면서 PD, MD가 바뀌거나 퇴사를 하니까 나 외엔 아무도 상품의 정보나 방송 히스토리를 몰랐다. 한번은 정관장 부여 인삼창 공장에 촬영을 갔는데 PD, MD, 작가가 별 의미가 없었다. 내가 콘티 짜고 내가 대사 만들어 멘트 치고 혼자 다 해먹었다. 근데 가만 보니 다들 여유만만이고 나만 일하느라 힘들어 죽어가더라. 내가 기업의 대체 불가능한 부품이 돼버리면 과연 행복할까? 많이 쓰이는 부품은 수명이 빨리 닳아 교체 시기만 앞당겨진다. 그리고 내가 나가면 회사가 결코 잘 안 돌아갈 것 같지만 막상 나와서 보면 잘만 돌아가더라. 아무리 잘나가던 당신이 없어져도 정작 회사에선 누구 하나 아쉬워하지 않는다.

바퀴 축을 고집하지 말고 가장자리의 안락함을 누려보시길.

어느 직장에나 잘나가는 사람이 있다. 그런 사람을 '핫샷hotshot'(끝내주게 잘 나가는 사람)이라 한다. 그런데 대체로 핫샷들은 자칫 '독고다이'가 되기 쉽다. 당신 직장의 '나홀로 주인공'들의 특징을 말해보라 했더니 이런 의견들이 많았다.

나만 주인공 직원의 특징

- 남의 배에 칼 꽂고 등 따는 데 선수다.

- 정보의 깔때기다. 정보 빨아먹는 데는 천재지만 나누는 데는 인색하다.

- '우리'는 없고 '여러분'만 있다.

- 동료를 마음속으로 적이라고 부른다.

- 내 업적은 왕이고 동료 업적은 똥이다.

- 내가 없으면 일이 돌아가지 않아야 정상이라 믿는다.

- 나에겐 인간성보다 성과가 중요하다.

- 동료 밟고 올라가는 데는 백점, 어깨를 빌려주는 데는 빵점이다.

- 내 밥그릇 지키는 데는 싸움닭이나, 남을 위해서는 외면한다.

- 험담 말고 다른 대화의 주제는 모른다.
- 내가 말할 때는 해법이고 남이 말할 때는 음향이다.

이런 인간은 한약으로도 침으로도 못 고친다. 배고픈 건 참아도 배 아픈 건 못 참는다. 남 잘 되는 꼴을 못 본다. 이런 이에게 기쁨은 나누면 질투를 낳고 슬픔은 나누면 약점만 잡힌다. 맘 놓고 속 터놓으면 부메랑처럼 소문으로 돌아온다.

오케스트라 연주자들끼리는 이런 농담을 한단다. 음표 하나에 가격을 매긴다면 바이올린은 1원, 첼로는 10원, 트럼펫은 100원, 튜바는 1,000원, 팀파니는 10,000원을 매겨야 한다고. 바이올린은 오케스트라 공연 내내 거의 쉬지 않고 연주해야 한다. 죽어라고 엄청난 음표를 연주해야 한다. 팀파니 연주자는 중요한 순간에만 몇 번 친다. 어떤 파트는 죽어라 연주만 하고 어떤 파트는 가만히 앉아 쉰다. 그러나 하는 일 없어 보이는 타악기는 엄청난 집중력과 긴장감을 요한다. 악기 연주자들 사이에 자신이 그 연주의 주인공이라 생각하는 사람은 없다. 얼마나 많은 연주를 하고 돋보이느냐는 중요치 않다. 작은 일이라도 각자의 고유 영역은 다 소중한 것이고 그것들이 어우러져 전체가 된다.

아무리 뛰어난 피아니스트도 옆에서 악보 넘겨주는 사람이 있어야 연주가 계속될 수 있다. 축구도 스트라이커에게 패스해주는 사람이 있어야만 골을 넣을 수 있는 것이다.

곰곰 생각해보라. 자신을 지나치게 중요하게 생각하고 있지는 않으신지?

스스로 자신이 중요한 사람이라고 생각하면 자신에 대한 기대치는 높아지고 그만큼 만족감은 떨어질 수밖에 없다. 자기 기준에 맞는 행복을 못 채우게 되는 것이다. 자기 자신에게 비합리적일 정도로 많은 것을 기대하지 말아야 한다. 당신 주변에 '나만 주인공형 인간'이 있다면 그에게 한마디 던져라.

"'같이의 가치'를 모르는 당신! 혼자 가지만 말고 '같이 좀 가지?'"

악기 연주자들 사이에 자신이 그 연주의
주인공이라 생각하는 사람은 없다.

얼마나 많은 연주를 하고 돋보이느냐는 중요치 않다.
작은 일이라도 각자의 고유 영역은 다 소중한 것이고
그것들이 어우러져 전체가 된다.

외로울 땐 가끔씩
펑펑 울어도 좋다

갓 태어난 아기는 자지러지게 운다. 신기한 건 그렇게 우는데도 눈물이 안 나온다는 사실이다. 태어나서 7일 정도 지나야 비로소 눈물샘이 열리기 때문에 갓난아기는 까무러칠 듯이 울지만 눈물은 없다. 눈물엔 두 가지 종류가 있다. 감정눈물과 반사눈물이다. 하품하거나 눈에 티끌이 들어갔을 때 흘리는 반사눈물에 대해 얘기하려는 건 아니다. 나는 이걸 묻고 싶다. 어른인 당신은 언제 마지막으로 감정눈물을 흘렸나?

나이가 들어 눈물을 흘린다는 건 창피해 보인다. 약해 보이지는 않을지 눈치도 보인다. 재미있는 자료가 있다. 독일 안과협회의 조사 결과를 보면 여자는 1년 평균 30~64회 눈물을 흘리고, 남자는 6~17회

운다. 여자가 남자보다 4~5배 더 많이 우는 셈이다. 우는 시간도 남자는 2분, 여자는 6분으로 더 길다. 또 여자는 100번 울면 65회를 엉엉 울지만, 남자는 그런 정도가 6회 정도라고 한다.

그런데 한국 남자는 좀 다른 듯하다. 내 조사의 질문은 간단했다. "당신은 최근 3개월 안에 울어본 적이 있습니까?" 3개 보험사와 2개 증권사 남성 480명에게 물었다. 놀라웠다. 거의 없으리라 생각했던 내 생각과 달리 결과는 남자 10명 중 7명은 울었다고 답했다. 더구나 40대 남성의 비중이 가장 높았다. 롯데마트와 이마트 직원 80명에게 순전히 업무 중압감만으로 울어본 적이 있는지 물었다. 여자는 66% 남자는 22%였다. 남녀 할 것 없이 일이 고돼서 울더라. 프뢰벨의 여성 280명을 대상으로 조사했더니 외로움 때문에 베개를 눈물로 적신 적이 있다는 응답이 93%나 나왔다. 우리 시대에 눈물 없는 삶은 없다.

흔히 기뻐서 우는 경우는 드물다. 대부분 슬퍼서 운다. 한 실험에서는 인간의 27가지 감정을 조사했는데 모든 감정에는 지속 시간이 있지만 그중에 가장 오래 지속되는 감정은 슬픔으로 나타났다.

다른 그 어떤 감정보다 더 길게 이어졌다. 수치심, 공포, 짜증 같은 감정은 아주 짧게 지나갔다. 의외로 지루함은 오래 가는 감정 같지만 조사 결과 금방 사라지는 것으로 나타났다. 지루할 때는 시간이 느리게 가는 것 같지만 마음의 착각일 뿐 실제로는 짧게 끝나는 감정이었다.

슬픔이야말로 우리 마음에 껌처럼 달라붙어 한없이 잔존해 있다. 더욱이 깊은 슬픔은 단장斷腸, 즉 창자가 끊어진 것만큼 아프다. 아프고, 오래간다.

2001년 엘살바도르에서 큰 지진이 일어났을 때 자신의 눈앞에서 진흙 속에 잠겨 땅속으로 영원히 사라진 아들을 눈앞에서 목격했던 한 아버지를 만났다. 자식 잃은 슬픔을 다른 종류의 슬픔과 비교한다는 것도 불가능하지만 나는 그때 슬픔에는 유효기간 같은 게 없다고 느꼈다. '사랑의 기쁨'이라는 가곡에서는 "사랑의 기쁨은 한순간이지만 사랑의 슬픔은 평생을 간다."라며 슬픔이란 감정의 길이를 잘 표현해준다. 랄프 왈도 에머슨은 "슬픔에 잠기면 누구나 어린이로 되돌아가며 지성의 격차가 다 사라진다. 가장 현명한 사람일지라도 무지하게 된다."라고 말했다. 그럼에도 시인 허수경은 〈탈상〉에서 "슬픔만한 거름이 어디 있으랴"라고 썼다.

그러니 슬픔을 더 단단한 디딤돌 삼아 이제는 으쌰!하고 일어나보는 것이 어떻겠는가? 슬픔을 이겨내려면 역설적이게도 슬픔을 억누르려 하지 말아야 한다. 외로움에 홀로 신음하지 말고 믿음직한 친구를 찾아가 눈물을 흘릴 정도로 자신의 심정을 이야기한다면 마음이 한결 홀가분해질 수 있다. 눈물에는 리소자임lysozyme이라는 방부제가 들어 있어서 눈을 소독해주고 감염을 막아준다. 한껏 울 때 눈물은 나쁜 감정과 슬픔까지 소독해준다.

주체할 수 없을 정도로 펑펑 울어본 적이 언제인가?

약보다 주사가 직접적이듯 슬플 때 화제를 돌리거나 일에 더 몰두하거나 애써 다른 일을 찾기보다 차라리 울어라. 프랑스 시인 샤를 보들레르는 "눈물을 굶지 말라"고 했다.

눈물은 부끄러움의 상징이 아니다. 우는 것은 약함의 표시가 아니라 격한 감정의 자연스러운 표출이고 슬픔을 극복해가는 정상적인 치유 과정이다. 눈물은 외로움과 상처의 지우개가 된다. 참지 말고 맘껏 펑펑 울어라.

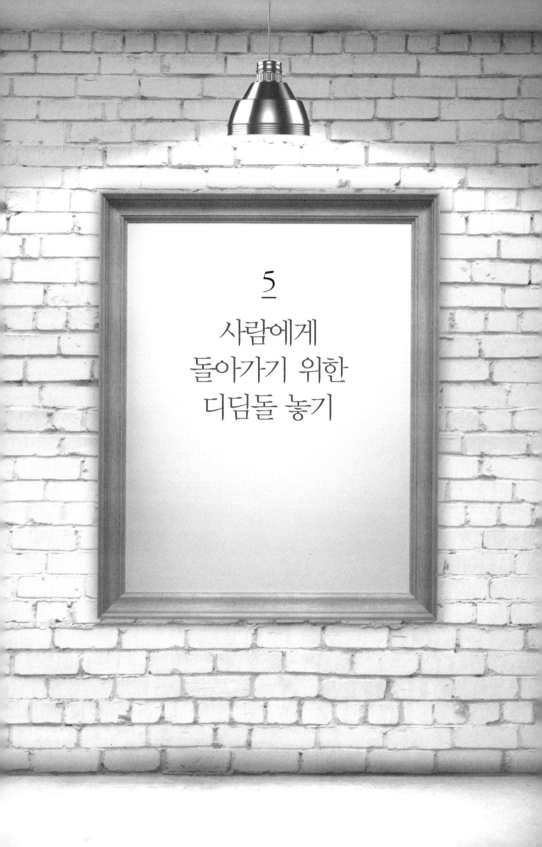

5

사람에게
돌아가기 위한
디딤돌 놓기

바라는 게 많아질수록
마음의 문은 닫힌다

"어떻게 나한테 이럴 수가 있지…?"

당신이 외로운 이유는 다른 사람에게 큰 배신을 당했거나 이런저런 이유로 실망했기 때문일 수 있다. 사람에게 상처받고 나면 그다음부터 마음의 대문에 빗장이 걸린다. 상처 준 사람이 아닌 전혀 다른 사람을 만나도 이전의 경험이 투영되어 좀처럼 마음의 문이 열리지 않는다.

간혹 기업 강의를 가면 담당자가 내 강의랑 똑같은 내용으로 강의를 하는 사람들이 있다고 귀띔해준다. 알고 보니 예전에 내 강의를 들었던 사람들이 강사로 일하면서 내 강의 커리큘럼을 그대로 도용해서 강의하고 있었다. 피땀 흘려 축적한 남의 지식을 양심의 가책도 없이 날로 먹고 있다니…. 한번은 첫 번째 책이 출간되기 한 달 전에 벼락같은 일이 터졌다. 한 쇼핑호스트 학과 교수가 곧 출간될 책에 실릴 예정이었던 내 〈조선일보〉 연재 칼럼들을 그대로 자신의 책에 실어서 내버린 것이다. 수많은 밤을 새워 만든 창작물을 도둑질하다니…. 사과조차 못 받았다.

2015년 미국 코네티컷에서 있었던 실화다. 한 쇼핑몰 근처 작은 골목 앞에 판촉 부스가 느닷없이 설치되었다. 부스에는 '아이셀 로우치 Ijssel loach'라는 이름의 회사 간판이 달려 있었고, 2명의 네덜란드인 직원이 자사의 유기농 비누를 홍보하고 있었다. 그들은 그 자리에서 자사의 비누로 세안을 한 뒤 사용한 느낌을 간단히 작성만 해주면 250달러짜리 오페라 공연 티켓을 2장씩 주겠노라 홍보했다.

순식간에 많은 사람들이 그 프로모션에 참여했다. 40명이나 되는 이들이 집주소와 연락처를 간단히 작성한 후 공연 티켓을 기분 좋게 받아 갔다. 며칠 뒤 그 인기 있는 공연을 공짜로 관람한 사람들은 만족스럽게 집에 돌아와서야 뭔가 크게 잘못되었음을 알았다. 무려 17가구가 그들이 공연을 보러 간 그날 저녁에 집을 털린 것이다. 그 회사 이름처럼 정말 미꾸라지(loach는 '미꾸라지'라는 뜻이다.) 같은 짓에 바보(loach에는 바보라는 뜻도 있다.)같이 당한 것이다. (아이셀Ijssel은 네덜란드에서 미꾸라지가 많이 사는 강 이름이다.) 피해자들은 죽는 날까지 그날의 배신감에 치를 떨며 살 것이다.

타인에게 실망하면 아무리 관계가 회복된다 해도 그에 대한 감정의 생채기는 마음속에 오랫동안 깊이 남아 있기 마련이다. 그러면서 여리고 여렸던 나의 성격도 억세져만 간다.

'이제는 누구를 만나도 마음을 못 줄 것 같아.'

지난 몇 년 동안 인터뷰나 설문 조사 과정에서 만난 많은 사람들은 "잘해줘 봐야 아무 소용없다."라는 말을 많이 했다. 상대가 내 진심을 우습게 본다는 게 이유였다.

"가는 말이 고우면 얕본다." "참을 인忍 세 번이면 쉬운 사람으로 본다." "호의를 계속 베풀면 당연한 권리인 줄 안다." 그러니 내 진심이 퇴색되어만 간다. 마음에 상처를 입는 이유는 뭔가? 상대방에 대한 기대가 있기 때문이다. 중소기업중앙회 강의를 들으러 온 사람 182명을 대상으로 조사해보니 '나보다 남에게 더 많은 기대를 하고 산다'는 사람이 90%를 넘었다.

더 큰 배신감과 실망을 안겨주는 기대감은 스트레스와 직결된다. 내가 방송했던 독일 보험 회사 DAS의 조사에 따르면 크리스마스 때 병원에 오는 심장 마비 환자들이 연중 다른 시기보다 33% 더 많다. 크리스마스 선물을 고를 때 가족과 친구들의 지나친 기대에서 오는 스트레스가 큰 요인이었다. 그 기대를 실망시키지 않으려니 머리가 아프다. 기대감은 나와 남 모두에게 해악이다.

모르는 남보다 가까운 사이일수록 실망하기 쉽다. 26년 옥살이를 하면서도 화내지 않고 견디고 버틴 넬슨 만델라도 정작 아내와의 관계는 견디지 못해 이혼한 전력이 있다. 가장 가까운 사람과의 관계가 제일 힘들다.

A : "그 사람과 같이 있으면 구름 위를 걷는 기분이에요. 그이와 함께
   할 날이 손꼽아 기다려져요!"
B : "우린 달라도 너무 달라요. 한 집에 살 뿐이지 남남이나 마찬가지
   에요. 너무 외로워요!"

위는 결혼을 앞둔 행복한 예비 신부의 말이고 아래는 오랜 결혼생활이 지긋지긋한 기혼 여성의 말이라고 생각했을 것이다. 하지만 놀랍게도 둘 다 동일 인물의 말이다. 단 3개월의 시간차를 두고 한 말이다.

이것은 코스타리카에 사는 리디아 쿠르다스Lydia Kurdas라는 한 여자의 생생한 증언이다. 결혼 직전 지인에게 보낸 편지와 단지 3개월 결혼생활을 한 뒤 같은 사람에게 다시 보낸 편지 내용이다. 멀리서 볼 때는 보석이었는데 가까이서 보니 실망스런 결점 투성이더란 말이다.

홈쇼핑에서 보석 방송을 많이 했다. 24K 골드부터 각종 보석을 쌓아놓고 방송하다 보면 그 영롱한 빛깔이 터질 듯 아름답다. 다양한 보석

중에 최고를 꼽으라면 역시 다이아몬드다. 가장 작지만 제일 비싸다. 그런데 보석 공부를 하면서 알게 된 사실이 있다. 다이아몬드는 멀리서 보면 그 황홀하고 완벽한 빛에 마음이 끌린다. 하지만 가까이서 현미경으로 자세히 들여다보면 수많은 흠집과 잡티가 보인다. 하지만 그 결점 때문에 다이아몬드를 휙 버릴 사람은 없다.

관계도 그렇다. 멀리서 보면 멋있고 좋아 보이지만 정작 가까이 두고 지내다 보면 갖은 흠이 다 보인다. 소중한 내 다이아몬드 같은 사람이라 해도 가까이에서 흠만 보려면 끝도 없을 터. 그러니 그런 세밀한 단점만 보려 하지 말고 나를 위해주고 나를 사랑해주는 전부로서 그 사람을 바라봐야 하지 않을까?

종이에 벤 아픔과 칼에 벤 아픔의 차이를 아는가? 종이에 살짝 베이면 머리가 곤두설 정도로 무지 아프다. 하지만 똑같은 상처라도 면도날에 베이면 그 정도로 아프지는 않다. 칼이 더 날카로운데 아픔은 종이보다 덜하다. 왜 그럴까? 과학자들이 그 이유를 밝혔다.

종이의 단면을 확대해보면 상당히 뭉툭하고 울퉁불퉁하다. 그래서 종이에 베이면 손에도 더 많은 울퉁불퉁한 상처가 여기저기 나기 때문에 아픔이 심하다. 반면 날카로운 면도날은 워낙 매끄러워 상처가 단면으로 깨끗이 한 면만 나기에 아픔이 덜하단다. 사람과의 관계도 마찬가지다. 가까운 사이일수록 종이처럼 울퉁불퉁한 상처를 많이 받는다. 생각지도 않은 종이 한 장에 베였을 때 종이에 대한 배신감이 더 크고 더 아프듯이.

흥국생명 보험 설계사 180명을 대상으로 조사했다. 빈정 상하게 하는 고객의 험한 말과 고압적인 태도 또는 무시하는 태도에 "웃으면서 응대하는 편이다."라고 답한 사람이 87%, "잘 잊는 편이다."라고 답한 사람이 34%였다. 하지만 집에서 가족이나 배우자의 사소한 거슬리는 말에 "참지 못한 적이 있다."라고 답한 사람은 무려 92%였다. 날카로운 면도날에 베일 때도 잘 참던 사람이 종이에 베일 때 더 아프다고 소리치는 격이다.

나는 농협은행 PB 고객이다. 한번은 VIP실에 있는데 나이 지긋한 고객이 여성 행원에게 "투자한 돈을 당신 때문에 손해 봤다."라며 온갖 욕설을 쏟는다. 행원의 태도는 대단했다. 그 험상궂은 행패에도 흔들림 없이 생글거리며 웃음으로 조곤조곤 달랜다. 그런데 잠시 후 남편에게 걸려온 전화를 나가서 받는데 조금 전 그 고객이 자신에게 퍼붓던 것 이상으로 격한 말을 내뱉는다. 남 앞에선 견뎌내도 내 식구 앞에선 작은 일도 못 견디더라. 당신은 어떤가?

모과를 보면 울퉁불퉁하다. 참 못생겼다. 하지만 울퉁불퉁한 가을 모과 한 알을 들고 있자니 겨울의 매서움과 봄의 일교차와 여름의 무더위를 오롯이 버텨내고 시간의 더께가 켜켜이 쌓여 참 예쁜 향기와 탐스러움을 내게 전해주는 것 같다. 관계의 투박함도 그렇지 않을까? 가까운 사이일수록 모과처럼 울퉁불퉁한 삶을 공유하니 실망도 참 많아진다. 그럼에도 불구하고 열매의 소중함으로 그 투박함을 덮고 살아가시길.

버스에 몸을 싣고 창밖의 모습을 보면 풍광들이 쉴 새 없이 뒤로 지나간다. 그 풍경들은 내 기억 속에 오래 자리 잡지 못한다. 나를 서운하게 만드는 사람들의 실망스런 모습도 창밖의 풍경처럼 날려버리려는 게 중요하다. 자신에게 상처 준 사람을 용서하고 앙금을 거둬내자.

자신의 모든 감정적 필요를 상대방이 다 채워줄 거라고 기대하지 마라. 현실적인 기대를 가져야 한다. 우리는 모두 실수를 저지르고 산다. 우리는 모두 불완전한 인간이다. 사소한 잘못, 실수, 눈에 거슬리는 행동, 귀에 거슬리는 말이라도 너그럽게 포용하고 좋은 것을 더 많이 보고자 하는 마음이 있어야 비로소 친구를 얻을 수 있지 않겠는가.

울퉁불퉁한 가을 모과 한 알을 들고 있자니
겨울의 매서움과 봄의 일교차와 여름의 무더위를
오롯이 버텨내고 시간의 더께가 켜켜이 쌓여
참 예쁜 향기와 탐스러움을 내게 전해주는 것 같다.

관계의 투박함도 그렇지 않을까? 가까운 사이일수록
모과처럼 울퉁불퉁한 삶을 공유하니 실망도 참 많아진다.
그럼에도 불구하고 열매의 소중함으로
그 투박함을 덮고 살아가시길.

혼자 보내는 시간은
더 나은 관계를 위한 디딤돌

이것은 색깔도 냄새도 없다. 하지만 전 세계에서 중독으로 인한 사망자의 절반이 이 무색무취의 물질에 중독돼서 죽는다. 일산화탄소다. 이와 같이 눈에 보이지도 않고 정체도 없지만 치명적인 것이 중독이다. 당신도 모르는 새 서서히 당신을 무덤으로 끌고 간다. 당신은 무엇에 중독되어 있는가?

중독에는 두 종류가 있다. 물질 중독과 행위 중독이다. 한국인 8명 중 1명이 도박, 인터넷, 마약, 알코올이라는 4대 중독에 빠져 살아가고 있다. 도박 중독자 220만 명, 인터넷 중독자 233만 명, 마약 중독자 10만 명, 알코올 중독자 155만 명 등 총 618만 명으로 추정된다.[17] 중독이란 말 그대로 '독毒'의 '한가운데中'에 빠진다는 뜻이다. 마치 연탄가스 중독과 같이 몸속에 서서히 유해물질이 흡수되어 가득 차게 되는 증상이다. 중독이 되면 자연스럽게 그 중독 물질에 기대게 되는데 그것을 의존 현상addiction이라 한다. 일반적으로 다음 4가지 증상이 있을 때 중독이라 정의 내린다.

1. 갈망渴望   2. 내성耐性   3. 금단禁斷   4. 장애障碍

중독은 위험하다. 《중독의 심리학》을 쓴 중독치료 전문가 크레이그 네켄Craig Nakken은 "중독은 인간의 아주 깊은 내면에서 시작돼 인간의 가장 깊숙한 욕망을 자극하기 때문에 쉽게 거부할 수 없다는 점에서 특히 위험하다."라고 했다. 그런데 인간은 술, 담배, 자위, 게임, 마약에만 중독되는 건 아니다. '사람'에게 중독된 이들도 많다.

남자친구 없이 못 사는 여자들이 있다. 오래 사귀지도 못한다. 헤어지면 바로 새 남친을 만든다. 이상한 놈 사귀어도 상관없다. 조금만 연락이 안 와도 불안해 어쩔 줄 모른다. 괴롭지만 대안이 없다. 한 순간도 남자 없이는 도저히 살아갈 수가 없다고 믿는다. 이런 증상을 '관계 중독'이라 한다. 관계 중독에 빠지면 관계를 맺는 상대에게 집착하게 되고 관계를 맺지 않으면 불안하다. 부산 동서대학교 학생 50명과 티켓 몬스터 직원 200명을 대상으로 설문 조사한 결과 자기 자신이 관계 중독자라 느껴지는 사람들의 주관식 서술에 다음과 같은 고백이 있었다.

사람 중독자들의 증상

- 연인에게 맞아 본 적 있지만 그래도 집착한다.

- 혼자 있는 시간을 스스로 용납 못한다.

- 연인과 쉽게 헤어지고 또 쉽게 만난다.

- 이성을 찾아 늘 두리번거린다.

- 혼자서는 취미나 여가 활동을 못한다.

- 연인의 스케줄과 인간관계를 비롯해 그에 대한 모든 것을 항상 알고 있어야만 한다.

- 전화를 받지 않으면 받을 때까지 계속 건다.

- 연인 가족과 회사 동료들에게 행패를 부린 적이 있다.

- 잠시라도 연락이 되지 않으면 불안해하며 상대가 늘 어디에서 무엇을 하고 있는지 파악하고 있어야 한다.

사람에게 중독된 사람은 외롭다. 그들은 혼자 있는 것을 견디지 못한다. 또 자중심이 약하고 '나는 쓸모없는 사람'이라고 생각하는 경향이 짙다. 누군가에게 사랑받아서 그 자존감을 채우려는 욕망이 관계 중독을 낳는다. 그런데 그들은 실상 '타인을 내 부족함을 채우는 도구로 봐서는 안 된다'는 대인 관계의 기본 명제를 놓치고 사는 거다. 사람 중독자들에게 가수 구창모의 '희나리'라는 노래를 들려주고 싶다.

"사랑함에 세심했던 나의 마음이 그렇게도 그대에겐 구속이었소, 믿지 못해 그런 것이 아니었는데 어쩌다가 헤어지는 이유가 됐소. (…) 나의 잘못이라면 그대를 위한 내 마음의 전부를 준 것 뿐인데. (…) 내게 무슨 마음의 병 있는 것처럼 느낄 만큼 알 수 없는 사람이 되어…"

이 가사처럼 사람 중독자들은 '구속'을 '애정'이라 믿고 '집착'을 '사랑'이라 믿으며 '환자'인데 '정상'이라 착각한다. 그러니 A와 같은 행동을 하면서 B와 같은 믿음을 갖고 산다.

사람 중독자들의 행동

A(행동) : 식당에서 종업원에게 윽박지르다가 연인에게 고개를 돌려
아무 일 없었다는 듯 다정하게 미소를 짓는다.

B(생각) : 나는 주변 상황이 험악해도 내 여자에게는 따뜻한 사람.

A : 여자 친구가 아르바이트를 하면 남자들이 집적거릴까봐 일을 못
하게 한다.

B : 요즘처럼 맞벌이를 원하는 시대에 내 여자 일 안하고 쉬게만 해
주는 책임감 있는 사람.

A : 늘 연인이 어디서 뭐하는지 알고 있어야만 한다. 심지어 휴대폰 카톡 내용과 주소록까지 뒤지고 산다.

B : 나는 연인에게 작은 관심까지 보이는 섬세한 사람.

A : 내 여자 친구가 딴 남자랑 통화하거나 칭찬하는 것도 싫다. 혹은 남친이 딴 여자랑 그러거나.

B : 그만큼 너만 생각하고 너만 사랑하는 한결같은 사람.

이런 '사람 중독자'들에는 몇 가지 유형이 있다. 좋은 유형은 없다. 늘 의심하는 편집증형, 집착하고 조정하려 하고 끊임없이 요구하며 감정 변화가 극과 극을 달리는 감정 불안형, 늘 사랑받으려고 집착하는 애정 결핍형love me syndrome, 자기중심적이고 남을 쉽게 깎아내리며 거짓말을 쉽게 하는 나르시시스트 유형 등이다.[18]

우선 이들은 집착이라는 단어조차 싫어했고 인정하고 싶어 하지 않는다. 사람 중독자들은 다른 사람 중독자들을 보면서 '나는 저렇게 살지 말아야지.'라고 생각하면서 본인은 정작 그렇다는 걸 모르고 산다. 그래서 누군가와 관계를 맺게 되면 그를 내 뜻대로 바꾸려 든다. 구속은 레깅스처럼 그 사람에게 늘 딱 달라붙어 피가 안 통하게 한다. 상대방에 대한 집착과 구속은 그 사람의 집 거실을 구둣발로 마구 헤집고 다니는 격이다. 그것은 마치 부드러운 빵에 차갑게 굳은 버터를 펴 바르려는 것과 같다. 빵에 달라붙으라고 딱딱한 버터를 힘줘서 바르려고 할수록 빵은 찢어질 뿐이다. 당신도 누군가에게 달라붙으려 애쓰고 있지는 않은가? 결국 그 관계는 찢어진다.

우물에서 물을 길을 때 두레박을 너무 빨리 끌어올리면 물을 많이 흘린다. 상대방을 다그치면 자연히 움츠러들고 생각을 길어낼 기회는 줄어든다. 다른 누군가를 지배하고 구속하려 들수록 더 큰 외로움을 느끼게 된다. 내 맘 같지 않다는 것을 깨달으니 공허해져서 그렇다.

사람 중독은 플러그가 꽂혀야만 작동되는 전자제품처럼 끝없이 타인과 연결되기를 갈망한다. 잠시라도 끊어지면 당장 불안이 밀려들고 공허감을 느끼며 외로움에 빠진다. 가까운 사람과 잠시라도 떨어지면 불안해지는 것을 분리불안증이라 한다. 한 조사에서는 요즘 연인들은 연인과 연락이 안 되면 65%(남자 58.6% 여자 72.6%)가 불안을 느낀다고 답했다.[19] 이런 사람들은 머릿속 안테나가 늘 연인 쪽을 향해 있기에 스스로도 힘들다고 느낀다. 또 같은 조사에서 연인과 연락이 두절되었을 때 참을 수 있는 시간은 남자가 6시간, 여자가 4시간이었다. 겨우 4시간만 연락이 안 돼도 불안해 미치려 한다니 이게 병이 아니고 무엇인가? 다 큰 어른을 마치 물가에 내 놓은 아이 취급하는 꼴이다. 게다가 분리불안증을 겪는 사람들은 자신의 불안을 해소하기 위한 수단으로 다른 사람과 만나는 경우가 많았다. 관계에서 실패할 확률이 그만큼 높은 것이다.

　나무도 적당한 거리를 두고 심어야 두 그루 모두 잘 자랄 수 있듯이 사람과 사람 사이에도 균형 잡힌 거리가 필요하다. 관계를 맺고 있을 때 겪었던 문제들을 기억해내는 것도 좋은 방안이다. 어느 크리스마스 이브 날 저녁 시간 홈쇼핑 방송을 했다. 프라이팬을 판매하는 방송이었다. 그런데 아무리 생각해 봐도 이 시간에 내 방송을 보는 사람들은 집에 혼자 있는 우울하고 외로운 영혼들일 것만 같았다. 스튜디오에 들어오려니 마침 펑펑 눈도 온다. 한마디했다.

　"지금 길거리의 많은 연인들 부러워 마세요. 오늘 같은 날 많이 싸워요. 그 추운 길 한복판에서 모양새 안 나게 덜덜 떨며 말이죠. 돈 쓰고 싸우고 헤어지고 끔찍한 기억의 하루가 되는 청춘들 많습니다. 고객님은 지금 안방에서 혼자 저를 보고 계시지만 혼자여도 그들보다 행복하십니다." 그러곤 혼자 깔깔대고 웃었다.

　외로움과 혼자 있는 것은 다르다. 이 둘은 아무 관련이 없다.

　미국 모하비 사막을 지날 때가 있었다. 지독히 혼자였지만 외롭지는 않았다. 혼자 그림을 그리는 화가는 작업하는 시간 동안 외로움을 느낄 새가 없다. 연구에 몰두하는 학자도 마찬가지다. 나도 이 책을 쓰는 시간 동안 외로울 틈이 없었다.

56세의 어부가 남태평양에서 4개월간 표류한 끝에 구조되었다. 이 어부는 2002년 3월 15일에 길이가 8m인 자신의 작은 녹색 배를 타고 타히티 섬을 떠났다. 하지만 타히티 섬 근해에서 배의 모터가 파손되었다. 그 어부는 약 1,200km를 표류한 끝에, 7월 10일에 쿡 제도의 섬들 가운데 하나인 아이투타키 근처에서 구조되었다. 구조 당시에는 타히티 섬을 출발했을 때보다 몸무게가 20킬로그램 이상 줄어 있었다. 노련하고 기지가 있는 이 어부는 물고기를 먹고 양동이와 아이스박스에 빗물을 받아 마시며 살아남았다. 놀라운 것은 4개월 동안 작은 배 안에서 홀로 지냈는데 그 긴 시간 동안 외로움을 느끼지 않았다는 점이다! 목표가 있었기 때문이다. 다시 고향으로 돌아가면 가족과 하고 싶은 일, 하고 싶었지만 못 해본 취미, 여행 등등 목표를 정하고 정리하느라 외로울 틈이 없었다고 한다.

연인과 좋나고 다시 혼자가 되면 닻 없이 파선당한 배처럼 대중 속에서 홀로 표류하는 기분이 들 것이다. 당신의 외로운 삶이 나침반 없이 낯선 땅에 내던져진 길 잃은 여행자처럼 느껴질지도 모른다. 꼴이 우스워도 보인다. 하지만 사람 중독은 남이 운전하고 있는 자동차 핸들에 내 손도 갖다 쥐고 있는 격이다. 아직도 타인의 인생의 방향이 당신이 원하는 대로 바뀔 거라고 생각하는가?

지금 당신 곁에 누군가가 있든 없든, 당신의 상황과 환경이 어떻든 간에 문제는 스스로 느끼는 감정의 변화 없이는 결코 당신의 빈 가슴을 채울 수 없다는 점을 명심하자. 이제 어리석은 관계 맺음이 빚어내는 비참함을 멈춰라. 당신만의 내적 평화와 감정적 풍요로움을 즐기고 더 나은 관계를 위해 준비해야 할 때다. 이것이 사람에게 돌아가기 위한 자립과 주권을 갖는 성숙의 첫 단추다.

당신의 외로운 삶이 나침반 없이
낯선 땅에 내던져진 길 잃은 여행자처럼
느껴질지도 모른다. 꼴이 우스워도 보인다.
당신의 상황과 환경이 어떻든 간에
스스로 느끼는 감정의 변화 없이는
결코 당신의 빈 가슴을 채울 수 없다.

당신만의 내적 평화와 감정적 풍요로움을 즐기고
더 나은 관계를 위해 준비해야 할 때다.

흔들리지 않는
양심의 나침반을 따라 가라

많은 기업에 컨설팅을 해주고 있다. 연간 60개 이상의 브랜드와 상품을 다룬다. 컨설팅을 해주려면 그 회사의 기업 구조, 영업 비밀, 대외비까지 깡그리 다 파악해야 한다. 유통 마케팅을 오래하다 보니 상품의 비밀, 유통 구조의 비밀 등등 너무 많이 알고 있는 것이 때론 문제가 될 때가 있다. 물론 소중한 고객사의 비밀은 무덤까지 가지고 갈 것이다. 다만 너무 잘 알다 보니 간혹 양심과 충돌될 때가 있다. 우리는 현실과 양심이 부딪치는 길목에서 어떤 선택을 해야할까?

교보생명 보험설계사 180명에게 물었다. "상품을 판매할 때 만약 자신의 양심과 충돌하는 경우가 생긴다면 판매를 하겠는가?/안 하겠는가?"라는 질문에 80%가 영혼을 팔지는 않겠다고 답했다. 반면 고객 앞에서 본인에게 불리한 정보를 감춘 적이 있느냐는 질문에 75%가 그렇다고 대답했다. 마음과 행동이 따로 움직이고 있었다.

이 세상에서 가장 먼 길은 마음에서 행동까지 이르는 길이다. 머릿속은 늘 옳은 것을, 바른 것을, 문제에 대한 해결책을 안다. 그러나 우리 마음은 늘 딴 짓을 한다. 고시 3관왕 출신 변호사 강 모 씨가 있다. 하나 합격하기도 어려운 고시를 사법고시, 행정고시, 법원행시까지 합격했으니 얼마나 머리가 좋은가. 그럼 뭐하나. 경기도 고양시 아파트 주민 107명의 입주 지체 보상금 4억 9900만 원을 꿀꺽했고, 증권업계에 근무하는 2명에게서도 3억 5000만 원의 투자금을 꿀꺽했다가 지금 차가운 감옥에서 수의를 입고 있다.[20]

제2차 세계 대전이 끝나고 대대적인 전범 재판이 이루어졌다. 히틀러의 오른팔이자 학살의 장본인 아돌프 아이히만Adolf Eichmann을 감정한 정신과 의사 6명은 치를 떨었다. 그에게 "양심의 가책을 느끼는가?" 물었더니 "있소. 어린 시절 몰래 학교 수업 빼먹었을 때요."라고 대답한 것이다. 수없이 많은 사람의 생명을 앗아간 일에는 관심조차 없었던 거다. 양심을 잃고 살면 이 지경까지 될 수 있음을 보여준다.

그렇다면 우리는 어떻게 양심을 구분하고 어떻게 양심적인 행동을 할 수 있을까? 양심 문제의 경계는 법과 원칙에 대한 기준으로 설명될 수 있다. 법과 원칙 중에 어느 것이 더 상위 개념이라 생각하는가? 원칙이다. 예를 들어 난로가 있다고 치자. 난로에 대한 법은 "난로를 만지지 마라."이다. 그러면 그 누구도 난로에 손도 못 대며 사용하지도 못한다. 반면 난로에 대한 원칙은 "난로는 뜨겁다."이다. 그러면 뜨거운 난로를 조심하면서 물도 끓이고 몸도 데우고 이것저것 할 수 있게 된다. 따라서 법보다 원칙이 한 단계 더 높은 상위 개념이다. 모든 일에 법을 적용하면서 살 수는 없다. 하지만 어떤 일에 대한 원칙이 있다면 삶이 더 순조롭고 편하게 된다. 그래서 양심 문제는 원칙을 세우고 살아야 한다. 나 자신에게 부끄럽지 않은 원칙을 세울 필요가 있다. 그래야 큰 것의 관점을 지키면서 작고 사소한 것을 조율해나갈 수 있다.

법과 원칙

법 : 난로를 만지지 마라.

원칙 : 난로는 뜨겁다.

그 누구도 양심을 가지고 당신을 법적으로 속박할 수 없다. 예를 들어 질투와 시기는 원칙이다. 법을 적용할 수 없다. 사촌이 땅을 사면 배가 아프다. 사촌이 땅을 사서 배가 아픈 자는 징역형에 처한다? 말도 안 된다. 따라서 질투와 시기는 원칙을 적용할 수밖에 없다. 양심을 대입해보면 마음의 성향은 금방 드러난다. 한여름 늘씬한 각선미의 한 젊은 모델이 스튜디오 근처에서 아이스크림을 먹고 있었다. 잠시 뒤 아무도 안 본다 싶으니까 아이스크림 봉지를 냅다 스튜디오 구석에 던진다. 양심 실종. 겉은 예쁠지 몰라도 속은 못났더라.

메타세콰이어 나무는 큰 것은 100m가 넘는다. 그렇게 큰 높이로 서 있기 위해서 땅속의 뿌리가 놀랍게도 4000~5000평이나 넓게 퍼져서 굳게 나무를 세우고 있다고 한다. 어떤 강풍이나 허리케인에도 흔들리지 않는다. 당신의 양심은 마음속 깊이 뿌리내리고 있는가? 양심 없이 사는 게 더 속 편하다고 말할지 모른다. 하지만 독일 속담에 "이 세상에서 가장 편안한 베개는 정직이다."라는 말이 있다. 양심을 가지고 살면 진정 삶이 평온해지는 것을 경험하곤 한다.

양심을 지키는 것이 과연 내 삶에 유익할까? 구글 인사 담당 수석 부사장 라즐로 보크Laszlo Bock는 한 해 100만 명이 지원하는 구글의 입사 기준 중 하나가 지원자의 학위 성적이 아니라 '양심적'인가를 아주 천천히 살핀다고 말했다. 양심은 도덕적 나침반이다. 나침반은 여행자를 옳은 길로 가게 한다. 양심의 기능도 그러하기에 양심 있는 사람은 길을 잃지 않을 수 있다.

저녁 뉴스는 세상을 이끄는 많이 배운 자들의 불법이 까발려지는 기사로 시작한다. 플래시가 터지는 가운데 검찰로 끌려가는 정치인, 경제인들을 보면서 개같이 공부하면 정승된다? 아니 짐승 된다고 끄덕인다. 도덕성이 아니라 법망을 피할 수 있는지를 잣대로 살아가다 보니 머리에 지식을 채우는 동안 가슴에서 양심은 비워냈나 보다. 그런 사람들이 서로 나는 깨끗하고 너는 더럽다고 싸우는 모양새는 탈법이 불법을 나무라는 꼴이다.

세상은 온통 불순한 생각을 토해낸다. 우린 그 더러운 토사물을 삼키며 산다. 양심이 더러워진다. 사회는 외친다. "양심? 웃기네. 당신이 하고 싶은 대로 살아!" 하지만 바람직하지 못한 조언을 표준으로 삼고 사는 것은 엉뚱한 그림을 보면서 퍼즐 조각 맞추기를 하는 것과 같다. 삶의 틀에 균열이 생기고 결국엔 무너질 수밖에 없다. 꼬리 없는 여우는 비정상이다. 허나 꼬리 없는 여우 동네에 꼬리 있는 여우 한 마리가 놀러 가면 그놈 혼자 비정상이 된다. 정상이 비정상이 된 시대다. 양심 있는 사람이 비정상인 시대다. 모두 양심이라는 꼬리가 잘린 채로 살아가는 탓이다.

양심과 비슷하게 쓸 수 있는 말로 '염치'가 있다. 염치는 청렴할 '렴廉'에 부끄러워할 '치恥'를 써서 부끄러움을 아는 마음이다. 중국 고전 《관자管子》에서는 염치를 나라를 지키는 근간으로 삼았고 원불교의 정산종사鼎山宗師는 "예의염치禮義廉恥를 모르고 사는 인간의 세계는 축생계

(죽은 뒤에 짐승이 돼서 고난을 당하는 세계)"라고 했다. 당신은 부끄러움을 아는가? 그렇다면 훌륭하다. 세월이 흐르면서 화석화된 요즘 양심들 속에 아직 당신 양심은 말랑말랑하다는 말이니까.

피노키오는 나무로 만들어졌다. 덕분에 양심이 없다. 그가 나쁜 짓만 하려고 하면 옆에서 귀뚜라미 '지미니 크리켓'이 소리를 지른다. 피노키오의 양심 역할을 한 셈이다. 피노키오가 귀뚜라미의 소리를 듣듯 양심의 소리를 듣자.

셰익스피어는 그의 희곡에서 "오, 소심한 양심이여 얼마나 나를 괴롭게 하려는가!"라고 외쳤다. 그것이 양심의 기능이다. 우리도 마음속에 양심 귀뚜라미가 있다. 우리의 양심의 기능이 우리에게 원칙이 되어 우리를 지켜주고 바로잡는다. 홀로 양심을 지킨 자가 외로운 것이 아니라 무뎌진 양심이 우리를 외롭게 만든다. 근육은 쓰면 쓸수록 단련되듯 양심도 훈련할수록 강화된다. 양심 문제는 다른 사람에게 결정해달라고 할 수 없다. 다른 사람이 운동 대신 해준다고 내 근육이 튼튼해지는 것은 아니니까. 하지만 중요한 건 이거다.

앞에서 양심의 나침반을 잠깐 얘기했다. 당신 스스로 양심의 나침반이 가리키는 곳을 향해 더 자유로운 사고와 열린 마음을 가지고 행동한다면 언젠가부터 자꾸만 멀어져가던 사람들에게 조금이라도 더 가까이 다가갈 수 있지 않을까?

우리는 무엇을 뿌리든지 그대로 거둔다. '복전福田'은 불교 용어로 '복을 거두는 밭'이다. 양심을 뿌리고 살아간다면 언젠가 때가 되었을 때 내 인생이 복전이 되어 돌아올 것이다. 소금 3%가 바다 전체를 썩지 않게 하듯 우리 마음에 여전히 존재하는 양심의 기능이 삶을 지탱하는 버팀이 될 테다. 한 알의 밀알을 심는 심정으로 나라도 양심을 지켜나가겠다.

외로움 특효약 : 사람

나는 친구가…

1. 많은 편이다. 2. 적당히 있다. 3. 적은 편이다. 4. 거의 없다.

이 넷 중 하나를 찍으라면 사람들은 어느 쪽을 가장 많이 선택할 것 같은가? 또한 당신은 마음속으로 어디에 동그라미를 쳤나?

웅진북클럽, 아모레퍼시픽, SKT 등 2,500명에게 물어봤더니 압도적으로 4번이 많이 나왔다. 희한한 결과였다. 분명 학창시절을 함께한 친구부터 사회에서 만난 친구까지 논리적으로 볼 때는 무지 많아야 정상일 텐데 왜 거의 친구가 없다고 대답했을까? 명쾌한 답을 제시하자면 이렇다. 그들이 다음의 두 유형 중 하나였기 때문일 수 있다.

가시나무 같은 사람

주위에 사람이 있어도 외로울 때가 있다. 뒤풀이나 회식 장면을 그려보라. 참석자는 수십 명이어도 시간이 지날수록 전부 둘씩 셋씩 대화가 갈린다. 그러다가 누군가가 건배 제의를 하면 다함께 잔 들고 구호 한 번 외쳤다가 다시 삼삼오오 나뉘어 이야기를 나눈다. 이럴 바엔 왜 다 같이 모여? 몇 명씩 따로 나눠서 회식을 하지.

회식 자리에서 서로 웃고 떠들다가도 그 모임을 파하고 집으로 돌아올 때면 문득 가슴이 시려온다. 당신은 사람 만나는 것도 좋아하고 어울리는 것도 좋아하는 사람인 것 같다. 성격상 분명 즐거운 시간을 보낸 거 같은데, 뭔가 가슴은 꽉 채워졌으면 좋겠는데…. 웬걸, 대중 속에서는 늘 고독을 느끼며 가슴속에는 더 큰 구멍이 난 것만 같다. 분명 나도 목이 쉴 정도로 웃고 떠들었는데 이유가 뭘까? 친구들에게 둘러싸여 있는데도 나만 끼지 못하는 기분은 뭘까? 그들과 함께 즐거운 시간을 보내고 있는데도 나만 버림받은 기분은 왜일까?

혹시 가시나무가 타는 것을 본 적이 있는가? 나는 시골에서 컸다. 한겨울에 시골 논바닥에서 가시나무를 태울 때가 있다. 가시나무가 타들어 가면 그 타닥타닥하는 소리가 엄청나서 화력도 굉장할 것 같다. 그런데 막상 다가가 불을 쬐면 하나도 따뜻하지 않다. 소리만 요란할 뿐, 정작 온기를 주지 못하는 나무였던 것이다.

당신이 대중 속에서 고독을 느낄 때는 당신 주변의 친구들이 가시나무와 같기 때문일지 모른다. 모였을 때는 가시나무처럼 시끄럽게 웃고 떠들며 시간을 태우지만 막상 나의 감정적 필요, 정신적 필요를 따뜻하게 데워주지는 못하고 있다는 말이다. 배가 불러도 영양학적으로는 배고플 수 있다. 가령 불량식품만 먹는다면 뇌는 배부르다 믿지만 몸은 공갈빵처럼 텅 비어간다. 영양학적 배고픔이 신체적 건강을 서서히 무너뜨리듯 감정적 배고픔은 감정적 건강을 서서히 침식시킨다. 이런 사람들이 많을수록 우리는 외로움 속에서 시들어간다. 마음의 수분은 다 빠져나가고 버석거린다. 누가 한 대 툭 치면 온통 마른 먼지가 풀풀 피어오를 것만 같다. 우리의 가슴엔 온기가 필요한데 그 기대만큼의 채움은 없다. "얼굴은 웃으면서도 마음은 아플 수 있다."라고 잠언은 말한다. 그래서 웃는 당신은 슬프다.

에너지 뱀파이어 같은 사람

친구 중에는 꼭 말 많은 애가 하나쯤 있다. 쉴 새 없이 쏟아내는 입은 있는데 듣는 귀는 없다. 해파리, 말미잘 같은 강장동물은 입과 항문이 하나다. 입으로 먹고 입으로 배설한다. 자기 얘기만 일방적으로 쏟아내는 사람을 보면 강장동물 같다. 입으로 말을 뱉는 것이 아니라 배설물을 뱉고 있다는 기분이 든다. 문제는 그런 사람들 곁에서 대화하면, 아니 듣고 있으면 참 피곤하다. 모기에게 피 빨리듯 에너지가 빨려 나가는 기분이다. 그래서 나의 기분과 감정 따윈 안중에도 없이 자기 이야기만 하는 친구와 시간을 보내고 헤어지면 2배나 피곤하고 지친다. 이런 사람들을 나는 '에너지 뱀파이어'라고 부른다. 당신이 대중 속에서 외롭다면 당신의 벗이 혹시 그런 에너지 뱀파이어가 아닐까 점검해보라. 그들에게 에너지가 빨려서 감정적으로 말라가고 죽어가는 당신이 불쌍하다.

그런 사람들은 자기 얘기에 동의하면 파란불, 반대하면 빨간불, 애매하면 노랑불이다. 마치 머릿속에 신호등이라도 있는 것처럼 군다. 인터넷 댓글에 '좋아요', '싫어요'를 클릭하듯 이분법적 사고로 일관한다. 머릿속에 일단 빨간불이 들어오면 그다음부터 상대의 말은 언어가 아닌 커피숍 음악이나 무심코 틀어놓은 라디오 소리 정도로 흘려버린다.

listen과 silent는 똑같은 알파벳 6개로 이루어져 있다. 현명한 사람이라면 잘 '듣기' 위해 남이 말할 때 '조용히' 있는 법이다. 다른 사람 말은 듣지 않고 자기 말만 하는 사람은 그 마음에 단단한 완고함이 있기 때문이다. 에너지 뱀파이어들은 '맞고 틀리고'에만 집중한다. 그래서 나와 다르면 반역자고 좌익左翼으로 본다. 좌익은 왼쪽 날개라는 말이다. 새는 양쪽 날개가 있어야만 비로소 난다. 나만 옳다는 자들은 한쪽 날개로만 날아보겠다는 심산이다.

우리 인생이 어디 그렇던가? 우리 삶은 흑과 백만 존재하는 것이 아니라 회색지대도 엄연히 존재한다. 심지어 회색지대에도 어둡고 밝은 부분이 있다. 그들은 이 중요한 2가지 사실을 모르고 있는 거다. 우리가 모든 것을 다 알고 있지 않다는 사실, 우리 생각이 언제나 옳지는 않다는 사실.

기압의 차이가 바람을 만들어 생물의 숨을 트이게 하듯 생각의 차이가 둘의 관계에 더 나은 발전적 길을 터준다. 홈쇼핑에서 글라스락이라는 유리 밀폐 용기를 방송했다. 강화유리라서 방송 중 싱크대에 내리치거나 바닥에 던져도 깨지지 않는다. 하지만 매우 조심해야 하는 주의사항이 하나 있다. 유리 용기로 어디를 쳐도 되지만 양 손에 강화유리 용기를 하나씩 들고 맞부딪히면 서로 같은 강도라서 그 자리에서 쩍 하고 깨진다. 똑같은 강도는 부서짐을 일으킨다. 생각의 차이와 시각의 차이가 있어야 서로 어우러지고 버무려져서 함께 살아나갈 수가 있다.

당신이 외롭다고 말할 때 이 뱀파이어들의 반응은 둘 중 하나다. 귓등으로 듣거나 거센 답을 내주려고 할 뿐이다. "배부른 소리하고 있네." "니가 외롭긴 뭐가 외로워." 이렇게 무시한다. 또는 "애인이라도 사귀어 봐."라며 쉬운 답을 던진다. 경남은행 직원 110명을 대상으로 "요즘 나 외로워."라고 했을 때 가장 많이 되돌아온 대답이 무엇인지 물어봤다. 2위가 "나도 외로워."였고, 1위가 "사람은 다 외로워."란 대답이었다. 이렇게 고통과 슬픔을 가중시키는 사람들 속에서 기氣만 빨리고 있으니 당연히 외로울 수밖에.

내 주변에도 그런 사람이 있었다. 그는 말이 장황하지 않다. 논리는 신속 간결하다. 어느 날 내가 외롭다고 했더니 거기에 대고 던진 한마디!

"징징대지 마. 안 외로운 사람 없어."

난 절실한데 위로가 없다.

물론 수많은 미사여구보다 화끈한 한 마디가 더 강한 힘을 발휘할 때가 있기도 하다. 하지만 예외를 조금 둔다고 해도 그건 울고 싶은데 불꽃 싸다구를 후려치는 격이다.

제2차 세계 대전 이후의 기간을 '급가속의 시대Great Acceleration'라 부른다. 전후 70년 만에 세계 인구는 3배로 늘었다. 오늘날 도시에 사는 사람이 일주일 동안 접하는 사람의 수는 18세기 유럽의 시골 사람이 평생 동안 접한 사람의 수보다 더 많다. 이렇게 주변에 사람이 넘쳐나는데도 외롭다니, 희한하다. 우리나라 남해의 지도를 본 적 있는가? 남해에 작게 흩어져 있는 섬들처럼 우리는 '나'만 있고 '우리'는 없는 세상에 살고 있기 때문에 그렇다.

당신의 휴대폰 주소록에는 몇 명의 이름이 저장되어 있나? 1,000명?

그렇다면 당신은 어느 쪽을 원하나? 의미 없는 수백 개의 연락처인가? 몇 명이지만 진정한 친구인가? 휴대폰 주소록의 항목이 늘어날수록 마음을 나눌 이는 줄어든다. 소셜 미디어를 즐겨 이용하는 사람들 중에는 관계보다 친구 수에 관심을 쏟는 사람들이 많다. 눈 뜨고 일어나면서부터 자신을 팔로우하는 수가 밤새 얼마나 늘었는지 살펴본다.

미국의 역사가 헨리 애덤스Henry B. Adams는 "평생에 벗이 하나 있으면 많은 것이다. 둘이면 매우 많은 것이며, 셋은 거의 불가능하다."라고 말했다. 진정한 벗 사귀기가 그만큼 어렵단 말이다. 절박한 마음이 되면 없는 것보다는 누구라도 있는 게 낫겠다는 생각에서 아무나 사귀는 경우가 종종 있다. 하지만 진흙탕에서는 아무리 조심하며 놀아도 진흙투성이가 되고 만다. 진흙탕 같은 미련한 교제는 당신을 망가지게 하는 기폭제다. 다 똑같아 보이는 흰 우유인데도 그 앞에서 고르고 있는 사람들의 표정은 신중하다. 한 번 먹고 마는 우유인데도 고르고 고른다. 그런데 하물며 친구를 사귈 때는 왜 신중하지 않은가?

선물도 포장지보다 내용물이 중요하고 책도 표지보다 내용이 중요하듯 친구도 외모보다 속이 중요하다. 책의 진가를 알려면 일단 책을 펴보는 수고가 필요하듯 상대의 속을 알아보려면 그와 속 깊은 대화를 나눠보는 수고로움이 선행돼야 한다. 커피 값과 내 시간이 아깝다고 생각한다면 나에게 친구란 서가 장식용 책들일 뿐이다.

나무를 자르지 않고도 그 속을 보는 방법이 있다. 열매를 보면 안다. 열매가 탐스러우면 그 나무의 상태도 좋은 것이라고 짐작할 수 있다. 사람의 속도 보는 방법이 있다. 말은 마음 상태를 반영한다. 겉으로 쏟아내는 그 사람의 말을 잘 들어보면 그 속마음 상태를 알 수 있다.

그러니 대화를 시작하자. 참나무 같은 사람인지 가시나무 같은 사람인지 그의 내면을 들여다볼 수 있다.

여기 빈 종이컵이 하나 있다. 종이컵에 담겨 있는 보이지 않는 공기를 빼보라. 할 수 있겠나? 간단하다. 물을 가득 채우면 된다. 고독하고 외로운 당신의 가슴은 채우면 된다. 비어 있는 가슴을 채우는 데에는 사람이 특효약이다. 사람은 외로움을 없애주는 해독제antidote다.

많은 이를 사귀려 하고 많은 이들과 관계를 유지하려 할수록 한정된 내 시간과 활력은 금방 소진되어 더 외로워진다. 당신의 고민을 건강하게 해소할 수 있는 방법이나 장소를 말해보라. 이 책의 여백에 당신의 속마음을 털어놓을 수 있는 사람의 이름을 정확히 써보라. 안타깝게도 별로 없다면 지금부터라도 한 사람을 만들어보자. 진정한 내 편을 말이다.

그렇게 해서 한 사람이라도 진정한 친구가 되면 그는 내게 바다가 된다. 한 명을 깊이 사귀고 귀하게 여기면 단지 한 사람인 그에게서 바다가 주는 모든 풍요로운 것을 다 얻을 수 있다.

내게 필요한 모든 것을 '사람'이 다 줄 수 있다.

이렇게 주변에 사람이 넘쳐나는데도 외롭다니, 희한하다.

남해에 작게 흩어져 있는 섬들처럼

우리는 '나'만 있고 '우리'는 없는 세상에

살고 있기 때문에 그렇다.

고독하고 외로운 당신의 가슴은 채우면 된다.

비어 있는 가슴을 채우는 데에는 사람이 특효약이다.

사람은 외로움을 없애주는 해독제다.

식사라도 한번
같이 합시다!

'오늘 뭐 먹지?' 이건 거의 숨 쉴 때마다 하는 고민이다. 그런데 메뉴 고민만큼 '오늘 누구랑 먹지?' 고민해본 적 있나? 혹시 당신도 나처럼 혼자 밥 먹는가? 대학원생 몇 명과 함께 사업장 구내식당에서 혼자 밥 먹는 직원들의 평균 식사 시간을 쟀다. 놀라웠다. 식판 내려놓고 앉아서 식판 들고 일어나기까지의 시간은 평균 10분 남짓이었다.

어떤 직원은 1분 47초(최고 기록이었다.) 만에 한 끼 식사 전부를 뱃속에 털어 넣고 일어나는 기인 열전도 보였다. 그들에게 밥은 친목과 교류의 시간이 아닌 생존을 위해 흡입하는 음식물 덩어리 자체였다.

구내식당 '나홀로족'들의 식사시간

- 신한생명 연수원 11분
- 정관장 한국인삼공사 부여 공장 구내식당 9분
- 현대해상 금산 연수원 13분
- 삼성화재 연수원 11분
- CJ오쇼핑 12분

대학교에 다닐 때 소원이 있었다면 단 한 번만이라도 학생식당에서 여학생과 같이 밥을 먹어보는 것이었다. 하지만 그런 호사는커녕 아르바이트를 하느라 바빠 대학시절 통으로 혼자 밥 먹었다. 아는 친구들이 지나다니는 학생식당에서 혼자 밥 먹는 건 참 싫다. 창피했다. 친구들이 지나가면서 한 마디씩 던진다.

"너 왜 혼자 밥 먹냐?"

나에게 그 말은 "너는 같이 밥 먹을 사람도 없냐?"로 들린다.

나도 속으로 대답한다. "네가 나랑 안 먹어주니까."

세월이 변했다. 요즘 대학교 식당 풍경은 정반대가 됐다. 전부 '나홀로'다. 이화여대 구내식당에서 혼자 밥 먹는 학생의 비율을 조사해봤다. 믿기 어렵겠지만 놀랍게도 무려 90%나 됐다. 숙명여대도 별반 차이가 없었다. 모두 혼자 앉아 한쪽 손엔 스마트폰을 든 채 식판에 코를 박고 있었다. 교직원에게 물어보니 전과 달리 굳이 사람을 통하지 않고도 충분히 원하는 정보를 얻을 수 있기에 요즘은 혼자 시간표 짜고 혼자 수업 듣고 혼자 밥 먹는단다. 시험 기간엔 혼자 도서관에서 공부하고 혼자 카페에서 공부한단다. 굳이 내 계획을 희생해가며 타인을 위해 시간을 배려해줄 이유가 사라진 거다. 못 믿겠으면 오늘이라도 대학교 학생 식당엘 가보라. 진풍경을 볼 것이다.

어쨌거나 상황이 그러다 보니 요즘 대학 캠퍼스에서는 학기 동안 함께 밥 먹을 사람을 구한다는 커뮤니티 글들이 많이 눈에 띈다. '밥터디'(함께 밥 먹는 스터디), '밥아리'(함께 밥 먹는 동아리), '혼밥족'(혼자 밥 먹는 학생), '아싸'(외톨이로 학교 생활하는 아웃사이더의 줄임말)라는 낯선 용어들을 아는가? 몇 년 전만 해도 듣도 보도 못했던 말이다.

함께 밥을 먹는 건 인간이 할 수 있는 가장 친밀한 행위 중 하나다. 그런데 전혀 친밀하지 않은 사람들과 그 친밀한 밥 먹는 행위를 함께하려는 사람들의 속이 궁금하다. 서울대 심리학과 곽금주 교수는 "생각이 비슷한 사람과 밥을 먹으며 위안을 얻고 싶어 하는 현상을 통해 우리 사회가 얼마나 각박하게 변했는지 성찰해볼 필요가 있다."고 말했다.[21]

'연인이 없으면 신경 쓸 일도 없고 밥값도 덜 들고 배려 같은 것도

안 해도 되잖아.'

이런 이기심으로 할 일 많은 자기 자신을 토닥여보지만, 다른 한편으론 함께 이야기 나눌 사람도 없고 생각을 공유하지도 못하며 혼자서 삭이기만 하는 자신의 모습에 괴로워할 뿐이다. 똑같은 한 그릇인데 혼자 먹는 짜장면과 당구장에서 친구들과 어울려 먹는 짜장면 맛의 큰 차이를 안다면 이런 생각 말아야 한다.

나도 집에 사람이 안 찾아오면 집 청소할 일도 없이 깨끗하지만 대신 그 황량함도 함께 느낀다. 관계가 없으면 그로 인해 힘들 일도 없지만 그만큼 삶도 피폐해진다. 집에 손님이 오면 집은 비록 너저분해져도 사람 덕분에 새 힘을 얻는다. 사람과 사람이 만나서 얻어지는 삶의 풍부함이 있다. 부질없는 친구 같아도 사실 축복인데 그걸 모른다.

토머스 에디슨은 자기 집 대문과 수도 펌프를 연결해놨다고 한다. 그의 집을 드나드는 손님들이 문을 여닫을 때마다 펌프질을 하게 되니까 자연히 물을 더 길어올리게 된다. 손님이 많이 올수록 물은 넘쳐난다.

'세상에서 제일가는 바보는 맛있는 와인을 혼자 마시는 사람'이라는 프랑스 속담이 있다. 나는 혼자 살지만 몇 년 전부터 집에 식사 초대를 한다. 집이 조금 지저분해져도 내 요리 실력은 늘고 내가 직접 만든 음식 덕분에 더 건강해지며 사람들과의 대화가 있어 삶이 조금씩 풍요로워지는 걸 느낀다.

당신이 아무리 바빠도 미국 대통령만큼은 아닐 거다. 2014년 3월 하버드 비즈니스 리뷰 블로그에 의외의 이야기가 실렸다. 《오바마 가족 The Obamas》을 쓴 〈뉴욕타임스〉 기자 조디 캔터Jodi Kantor와의 인터뷰였다. 그에 따르면 오바마는 매일 저녁 6시 30분에 그것도 집에서 가족과 저녁을 먹는 원칙을 가지고 있다. 일주일에 2번 이상 어겨본 적이 없단다. 그러니 일주일에 5번은 매일 저녁 가족과 함께 저녁식사를 한다는 말이다. 혼자 밥 먹는 당신은 다른 누군가와 함께 식사하기 위해 얼마나 노력하고 있는가?

"식사라도 한번 같이 해요."
세상에 이 말처럼 함축적인 표현이 있을까?
밥 먹자는 말은 친해지자, 또 만나자, 깊이 있게 대화하자, 교류하자, 속 이야기 나누자, 벗이 되자 등등 많은 의미를 담고 있다. 프랑스에는 '꼴로까시옹colocation'이라는 말이 있다. 이 말의 본래 뜻은 집을 나누어 사용한다는 것인데, 그 목적은 집을 가진 노인이 무상으로 젊은 사람에게 숙식을 제공하며 함께 사는 데에서 출발한다. 단, 필수 조건으로 주 5일 저녁 식사를 같이해야 한다.
밥을 같이 먹고 싶어서 집까지 제공하는 사람들도 있는데 당신은 다른 사람과 밥을 함께 먹기 위해서 어떤 노력을 하는가? 밥을 함께 먹는 것은 대화를 나누기도 하면서 동시에 건강과 원기를 회복시키는 효율적인 수단이다. 무엇보다도 저마다 외따로 살아가고 있는 우리들 개개인을 저 멀리 떨어져 있던 사람에게 돌아갈 수 있게 해줄 것이다.

혼자 밥 먹지 말자. 하다못해 깻잎무침 집어먹을 때 들러붙는 깻잎을 젓가락으로 잡아주는 고마운 손길이 얼마나 따뜻한지 기억한다면 말이다.

나는 혼자 살지만 몇 년 전부터 집에 식사 초대를 한다.
집이 조금 지저분해져도 내 요리 실력은 늘고
내가 직접 만든 음식 덕분에 더 건강해지며
사람들과의 대화가 있어
삶이 조금씩 풍요로워지는 걸 느낀다.

함께 밥을 먹자. 저마다 외따로 살아가고 있는
우리들 개개인을 저 멀리 떨어져 있던 사람에게
돌아갈 수 있게 해줄 것이다.

외로움에 걸려
넘어지지 않기 위하여

새벽마다 자기계발서를 성경처럼 펴도 점심, 저녁이면 도둑처럼 슬그머니 들이닥치는 외로움의 허튼 심정을 어찌할 수가 없다. 당신도 몇 번쯤 좋은 시작을 해봤지만 그 노력은 사과가 갈변하듯 금방 퇴색되고 변했을지 모른다. 단단한 다짐을 하기도 했을 것이다. 껍질을 벗어던지고 한번 극복해보자고. 삶의 태도에 변화도 주자고. 하지만 그 다짐은 금방 사라지고 도로 자신의 신세를 한탄하는 지경으로 돌아온다. 다시 외로움이 엄습한다. 내 마음은 외로움이란 놈에게는 언제나 열쇠 없는 빈방마냥 저항 한 번 해보지 못하고 열어줄 수밖에 없다. 그러다 보니 어느 순간부턴가 믿는다.

내 기질이, 내 특성이 원래 외로움을 잘 타나 봐….

외로움은 환호성처럼 한꺼번에 밀려오며 도둑처럼 시도 때도 없이 엄습한다. 하지만 무자비하게 엄습해 들어오는 그 짧은 순간에도 바늘 꽂히는 순간처럼 정확히 통증이 느껴진다. 외로움이 막 밀려올 때의 순간을 무엇에 비할 수 있을까?

홈쇼핑에서 가장 중요한 시간은 공중파 3사에서 일제히 드라마가 끝나는 밤 11시 조금 넘은 시간이다. 미친 듯이 채널이 홈쇼핑으로 돌아올 중요한 순간이다. 마치 드라마가 끝나가기 직전의 초조함이랄까? 아니면 중요한 수백 억짜리 프레젠테이션 대행을 맡았을 때의 오프닝 순간? 아니면 난생처음 결혼식 사회를 맡았을 때? 하지만 그 어떤 순간도 외로움이 미친 듯 밀려들 때의 초조함에 비할 수는 없다. 일단 밀려들어오면 외로움은 자기가 하고 싶은 대로 내 마음을 온통 휘젓고 베고 다니며 엉망진창으로 만든다. 보이지 않는 심각한 내상이다. 칼에 베인 듯 아프고 얼음에 쓸린 듯 시리다. 어르신들은 겉으로 보기엔 멀쩡한 외로움 환자들에게 "배부른 고민"이라며 확인사살까지 해주신다.

대안 없는 비난은 비겁한 딴지일 뿐이고 실질적이지 않은 의견 제시는 요란스런 분쟁이며 허울뿐인 돌파구는 밍밍한 커피일 뿐이다. 이 책의 서두에서도 얘기했지만 나는 우리가 섬처럼 외롭게 떨어져 살아가고 있는 현실을 두 눈으로 똑똑히 바라보고 싶었다. 외로움이란 녀석을 직시하지 못한다면 그 해결책도 찾을 수 없기 때문이다. 이 절대 고독의 시대를 항해하려면 이런 책이 한 권쯤은 있어야 한다는 생각에서 펜을 들었다. 하지만 그전에 방대한 자료를 모으고 수많은 사람들이 처해 있는 현실을 파악하기 위해 촉각을 곤두세웠다. 여기까지 책을 읽은 독자라면 외로움을 이기기 위한 방법 또는 자기 자신만의 답을 얻었을 거라고 믿는다.

일찍 일어나고 싶다면 전날 일찍 잠들어야 하는 수고가 필요하다. 길에 만 원짜리가 떨어져 있어도 내 것으로 만들려면 허리 숙여 주워야 하는 수고가 필요하다. 외로움을 이기려면 그만큼의 노력과 수고가 필요하다. 자동차 핸들은 왼쪽이나 오른쪽으로 돌릴 수 있다. 하지만 그러기 위해서 적어도 자동차는 앞으로 조금이라도 움직이고 있어야 한다. 독일 시인 괴테는 "인간은 노력하는 한 방황한다."라고 했다. 당신의 마음이 복잡하고 요동치며 방황하고 있다는 것 자체가 그 외로움으로부터 벗어나고자 움직이고 있다는 증거다.

문자 그대로 굶어 죽는 사람은 없다. 하지만 계속 굶다 보면 영양실조에 걸리고, 아주 시시한 병에도 이길 힘이 없어서 죽는다. 따라서 굶는 것은 매우 치명적이다. 외로워서 죽는 사람은 없다. 하지만 외로움은 많은 번뇌와 비통, 부정적 생각과 자괴감을 가져오고 그래서 결국 자기 연민에 빠져 죽을 수 있다. 실제로 죽을 수도 있지만 그것보다는 뜨거운 감정이 식어버려 죽은 인생마냥 빛 잃은 삶을 살아갈 수 있다. 외로움은 극복해야만 한다. 가장 깊은 곳의 원초적 문제이기 때문이다.

외로움을 극복하는 건 순전히 우리 스스로 해결할 문제다. 가장 깊은 곳의 문제이기 때문이다. 누가 대신 해줄 수 있는 일이 아니다. 달걀이 스스로 깨치고 나오면 살아 있는 하나의 생명체가 되지만 누군가가 인위적으로 깨버리면 한 끼 프라이밖에 안 되듯 말이다. 다행히 이 책을 집어 들고 읽고 있으니 적어도 당신은 의지가 있다는 증거다. 자전거는 계속해서 페달을 밟아 움직여야만 넘어지지 않는다. 당신이 외로움에 걸려 넘어지지 않으려면 앞으로 나아가려는 노력과 의지가 필요하다.

외로움을 극복하려는 당신의 의지는 마치 자동차 뒷좌석에서 운전석으로 옮겨가는 것과 같다. 상황 가는 대로, 마음 변하는 대로, 시간 흐르는 대로, 마치 바다에 몸을 맡기고 있던 상태에서 이제는 스스로 방향을 잡으려고 시도하고 있으니 이 책을 쓴 사람으로서 얼마나 기쁘지 않을 수 있겠는가? 그렇다. 이제 당신은 자신만의 힘으로 방향을 설정해나가야 한다. 오래 묵은 감정과 밀고 당기는 줄다리기를 해야 한다. 이번 장에서는 책에서 미처 언급하지 않았던 외로움을 이겨내는 잔잔한 방법들을 소개한다.

새로운 것을 배우고, 관계를 개선하라

새로운 것을 배워보는 것도 좋다. 사진 찍기, 책 읽기, 음식 만들기 등의 취미생활은 영혼을 정화시켜준다. 어항의 물을 주기적으로 갈아주어야 하듯 내 영혼의 피도 주기적으로 갈아주어야 건강한 생각으로 살아갈 수 있다. 글을 쓰는 것도 감정을 발산하는 데 도움이 된다. 단지 몇 자 끄적여도 좋다. 글을 쓰다 보면 자신도 몰랐던 감정의 깊은 장소를 발견하게 된다. 한 실험에서는 피험자들에게 매주 자신에게 일어난 좋은 일 3가지를 기록하는 습관을 갖게 했다. 그랬더니 삶이 훨씬 행복해졌다고 한다. 다른 사람에게 편지를 쓰게 했더니 행복해지는 느낌이 여러 주 동안 지속됐으며 심지어 편지를 직접 보내지 않아도 단지 쓰는 행위 자체만으로도 행복감이 높아졌다고 했다.

가족관계를 개선하는 것도 좋은 방법이다. 한국갤럽 조사에서 대한민국 행복도를 조사했더니 인생의 행복에서 56.9%가 '집(가족)'을 꼽았다.[22] 사람들이 가장 외로움을 덜 느끼고 안정을 찾고 행복을 느끼는 공간이 '집'인 셈이다. 발칸반도에서 전쟁이 있었을 때 그곳 자녀들은 생활환경이 어려웠는데도 행복지수가 높았다. 부모들이 집에 있으면서 자녀들과 함께 공부하고 놀아주고 이야기를 나누는 시간이 많아졌기 때문이다.

교제의 폭을 넓히는 것도 방법이다. 혹시 당신은 교제의 범위를 또

래로 한정시켜놓고 친구가 없다고 불평하지는 않는가? 그것은 옷장에 옷이 넘쳐나는데도 입을 옷이 없다고 불평하는 격이다. 나이나 취향이 비슷한 사람만 만나려고 하는 것은 비슷한 색깔의 옷만 입고 다니려는 것과 같다. 쉬 질리고 싫증나게 된다. 당신도 친한 친구와의 대화가 매번 똑같고 한정된 주제만 맴돌아서 싫증을 느껴본 적이 있지 않은가? 나이에 상관없이 같은 가치관과 공감을 가진 사람들을 사귀어보라. 나도 나의 가장 친밀한 벗은 나보다 30살이나 많으신 분이다.

감정을 표출하고, 솔직히 털어놓아라

자신의 감정을 표현하라. 아모레퍼시픽 직원 190명을 대상으로 가정에서 남편과 자녀들에게 "오늘 하루 어떻게 보냈어?"라고 묻기보다는 '나 자신이 오늘 하루를 어떻게 보냈는지' 먼저 이야기해보게 했다. 결과는 훌륭했다. 상대방이 입을 닫고 있을 때 그 입을 열게 하는 방법이라고 답했다. 대화할 수 있는 분위기가 만들어지고 감정의 골을 녹이는 방법이었다고도 답했다. 현대라이프생명 50명을 대상으로 자신의 감정을 주변 사람들에게 2주 동안 적극 어필해보도록 했다. 2주 전후 외로움의 정도를 각각 체크해봤는데 70% 이상이 외로움이 많이 사그라졌다고 답했다.

미국의 심리학자 스티븐 헤이스Steven C. Hayes는 이를 '공개선언 효과

public commitment effect'라고 한다. 한 집단에게는 자신이 받고 싶은 목표 점수를 모두에게 공개하게 하고 다른 집단에게는 목표 점수를 마음속으로만 간직하게 했다. 결과는? 공개한 집단이 훨씬 점수가 높았다. 사람들은 입으로 자신의 마음을 표출하면 그 생각대로 더 노력하려는 경향이 있다.

마음을 드러내는 것과 마음을 들키는 것은 다르다. 그런데 한국인은 같다고 느낀다. 미국 갤럽이 151개 나라 사람들을 대상으로 감정을 얼마나 드러내면서 사는지 조사했다. 무뚝뚝한 나라 1위가 싱가포르였다. 한국은 20위. 하지만 우리가 무뚝뚝하다고 여기는 중국인도 무뚝뚝 순위로는 60위였다. 속마음(혼네本音)과 겉마음(다테마에建前)이 다르기로 유명한 일본인도 무뚝뚝 순위로는 80위였다. 다시 보니 한국도 무뚝뚝 순위로는 꽤 높네. 감정 숨기면 마음 썩는다.

적극적이어야 얻는 게 있다. 집에 혼자만 감상하는 금송아지가 있으면 뭐하나? 들고 나와 자랑하고 사람들이 알아줘야 내게 기쁨과 의미가 있지. 자신의 감정을 알려라. 그래야 알아준다. 먼저 다가가서 먼저 드러내라. 적극적 노력과 단호한 의지가 필요하다.

감정emotion이란 단어는 행동motion과 운동movement의 뜻을 모두 내포하는 것이다. 상대방에게서 감정을 느끼지 못하는 이유는 마음은 있지만 행동이 수반되지 않았기 때문이다. 마음만으로 진심을 전할 수는 없다는 얘기다. 당신의 행동에 답이 있다. 당신이 움직이기만 한다면 누구에게서든 빠져 죽을 만큼 차고 넘치는 감정을 느끼게 될 것이다.

지금 내 안에 뭔가가 쌓여 있다면 쏟아내고 털어놓아라. 작곡가가 머릿속으로만 악상을 떠올리고 악보로 옮기지 않은 음악은 음악이 아닌 읊조림이다. 물론 누구나 말로 꺼내기엔 너무 미묘하거나 혹은 작아 보이거나, 사람들의 관심을 받기 어려울 것 같아서 담고 사는 이야기가 있다. 반대로 너무 크고 아파서 말로 표현할 수 없는 이야기 하나씩은 품고 살아간다. 공감한다면 당신도 상처가 꽤 깊은 분이시다. 하지만 어렵게 꺼낸 그 이야기를 들은 누군가가 뜻밖에도 눈을 반짝이고 적극 공감하며 귀담아 들어준다면 바로 그 사람이 나의 친구가 된다.

그렇게 조금씩 넓혀 나가는 거 아니겠나?

긍정적 의지는 모든 부정을 이긴다

두려움을 떨쳐야 한다. 두려움은 엔진 속에 들어간 작은 모래와도 같다. 돌면 돌수록 엔진을 마모시켜 결국 멈추게 만든다. 당신도 들어본 적 있는 얘기다.

1950년대 포르투갈 산 포도주를 운반하는 화물선에 타고 있던 선원 한 명이 스코틀랜드 항구에서 짐을 내린 뒤 냉동창고에 갇혀버렸다. 얼마 후 다른 선원이 냉동창고 문을 열었을 때 선원은 죽어 있었다. 냉동창고 벽에는 그가 쇳조각으로 새겨 넣은 글이 있었다. 냉동창고에 갇혀 오래 버티지 못한다는 말과 냉기로 인해 몸이 얼어가고 언 부위가 상처로 변해가는 과정도 세밀하게 적혀 있었다. 그런데 놀랍게도 냉동장치는 멈춰 있었고 온도계는 19도라는 쾌적한 온도를 가리키고 있었다. 더구나 안에는 장기 보존 식량도 충분했다. 선원을 죽게 만든 것은 물리적 환경이 아니라 스스로의 불안감과 두려움이었다. 부정적 생각이 얼마나 파괴력을 가지는지 보여주는 이야기다.

용기가 필요하다. 그리고 당신에겐 그런 용기가 충분하다. 외로움을 느끼고 있다는 사실을 인정하고 당신이 신뢰하는 누군가와 그 점을 이야기하고 나눠라. 마음을 읽을 수 있는 사람은 없다. 자신이 원하는 걸 말하지 않는다면 어찌 얻겠는가? 아무 말 없이 혼자서 고통 받는 일이 없도록 하자. 마음의 문을 닫고 침묵을 지키며 괴로워하지 말자. 물론 그런 말조차 꺼내기가 우스꽝스러울 수 있다. 사람들의 비웃음을 사거나 배부른 투정처럼 비춰지지 않을까 걱정도 된다. 내 얘기를 진지하게 받아주지 않고 건성으로 듣지나 않을까 염려된다. 당신을 보여줘 봤는데 효과가 없었다고 말하지 마라. 정말 다 보여줘 봤나? 꽃이 만개해야만 그 색상의 다채로움을 완전히 알 수 있는 것처럼 당신도 용기를 갖고 마음을 활짝 열어야만 당신을 내보일 수 있다. 무익한 자존심 따위는 버려라. 사람에게 다가가기 위해선 방어적인 태도를 버려라.

TV에서 오렌지를 씹는 것을 보면 나도 신물이 난다. 덜 익은 파란 자두나 레몬을 통째로 씹는 것을 봐도 나도 모르게 입에 침이 고인다. 사람은 생각하는 대로 몸도 그에 맞게 반응한다. 당신이 좋은 생각을 하면 몸도 좋은 쪽으로 반응하게 된다. 정신의 상태에 따라 몸이 반응한다. 좋은 생각을 하면 좋은 쪽으로 몸도 변화된다. 당신의 잠재력은 쓸 줄 모르고 쌓이기만 하는 카드사나 통신사 포인트와도 같다. 분명 많은 시간과 경험을 통해 쌓여는 있는데 꺼내 쓰는 방법은 모르고 있으니 안타깝다.

당신의 상념도 슬픈 권태도 북받친 감정도 흐르는 물처럼 흘러갔으면 좋겠다. 흐름을 멈춘 고인 물이 썩기 시작하듯 흘러가기를 멈춘 생각들은 당신을 아프게 하거나 병들게 한다.

민들레 홀씨가 떠다닌다. 공중을 오랜 시간 헤맨다. 바람의 방향은 예측조차 할 수 없다. 어디서 불어와 어디로 나를 데려가는지 알 길이 없다. 당신의 외로움도 당신을 이리 치고 저리 몰며 요동치는 바다의 물결처럼 끝없이 표류한다. 하지만 한낱 씨앗 한 알도 종국엔 어딘가에 정착하고 뿌리를 내린다. 굳은 의지를 잃지 않는다면 안정감을 느끼며 뿌리를 내릴 것이다.

상대방의 거울이 되어보라

현대해상 직원 160명에게 거울화법을 시켜봤다. 이것은 3단계로 이뤄지는 대화 방법인데 다음과 같다

1. 상대방이 말을 할 때 그의 눈빛을 정성스럽게 바라보고 끄덕이면서 매우 진지하게 경청한다.
2. 그가 방금 끝낸 말을 다시 요약해서 다시 그에게 들려줌으로써 그의 말을 잘 듣고 있었다는 것을 확인시켜준다.
3. 나를 믿고 속이야기를 들려준 것에 대해 감사를 표하면서 그의 말에 적극 칭찬하며 공감해준다.

그러니까 상대방의 말을 내가 잘 듣고 있었다는 것을 확인시켜주는 것을 말한다. 또한 단순히 잘 듣고 있었다는 것뿐만 아니라 감정적으로 동조해주고 적절히 반응해줌으로써 내가 그의 편이며 그의 고민에 같은 염려를 나타내고 있다는 것을 느끼게 해주는 것이다.

우선 80명씩 두 그룹으로 나누어 화자와 청자를 정했다. 청자가 화자에게 "요즘 고민이 뭐예요?"라고 묻게 한 뒤 5분간 그의 고민을 적극적으로 듣게 했다. 그리고 요약하고 공감하도록 시켰다.

"그러니까 요약하자면 당신의 말은 이러이러하다는 말씀이시죠?"

"세상에… 얼마나 힘들었을까?" "저라도 그랬을 거예요." 교육생들은 우선 경청하는 태도부터 달라졌다. 놀라운 것은 거울화법 이후 설문 조사를 해보니 화자보다 오히려 청자들의 감정적 압박 지수가 상당히 완화됐다. 말하는 사람의 속이 시원한 게 아니라 잘 들어준 사람의 감정이 더 풀어진 것이다.

남을 향해 웃어줄 때 나도 웃게 되는 거다. 남의 손을 씻겨줄 때 내 손도 씻는 거다. 남에게 장미를 건넬 때 내 손에도 향기가 남는다. 남을 위해 기도하다 보면 내 마음이 먼저 맑아진다. 당신도 한 번쯤은 누군가의 거울이 되어 보라. 당신의 힘겨움도 덩달아 떨쳐진다.

포르투갈의 소설가 주제 사라마구는 《눈먼 자들의 도시》에서 현대인들에게 이런 따끔한 말을 한다. "우리는 보이지 않는 것이 아니라 단지 보지 않을 뿐." 참 맞는 말이다. 중앙대병원을 들어가는데 절룩거리는 환자가 힘겹게 올라간다. 맞은편에서 젊은 의사들이 활개 치며 지나가니 그 환자가 오히려 몸을 비켜서 길을 양보해준다. 의사들에겐 그 아픈 환자가 보이지 않는 걸까? 아니면 보지 않는 걸까? 외롭다고 외치지만 당신 주변의 똑같이 외로운 이들은 보이지 않는 걸까? 아니면 보지 않는 걸까?

거울이 되어 보라. 내 외로움이 상쇄된다.

첫 번째 책을 쓸 때였다. 당시 근무했던 CJ에서 퇴근만 하면 무조건

학교에 가서 칼럼과 글을 썼다. 글을 쓰고 다시 집으로 돌아갈 때 학교에서 지하철역까지 내려오는 길엔 가로수가 길게 늘어서 있었다. 몇 년이 지나서 어느 완연한 봄날 그 길을 지나가는데 깜짝 놀랐다. 찬란한 벚꽃이 만발해 있던 거다. 수년간 그 길을 지나다니면서도 거기가 벚꽃길이었다는 사실을 몰랐다. 얼마나 방송 멘트와 책 내용에만 골똘히 집중하고 걸어 다녔으면 그랬을까? 보지 못한 거다. 한 가지 방식에만 너무 익숙해지다 보면 소중하고 중요한 것들을 보지 못하고 놓치기 쉽다. "내려갈 때 보았네. 올라갈 때 보지 못한 그 꽃." 고은 시인의 〈그 꽃〉이란 시가 생각난다. 아무리 좋은 풍경도 여유 있는 자만이 누리는 몫이듯 지금 당신의 주변 사람을 본다면 보지 못했던 것이 보일 수 있다.

나무 중에 플라타너스와 찔레나무는 정반대의 차이가 있다. 그 차이를 알고 싶으면 타는 여름 두 그루의 나무 밑에 각각 있어보면 대번에 안다. 플라타너스는 여름의 정점일지라도 정말 시원하고 상쾌한 그늘을 만들어준다. 반면 찔레나무는 잎사귀가 작아서 나무 밑에 있어 봐야 더 덥기만 하다. 나무도 나무 나름이다. 당신의 속을 시원하게 적셔주지 못해 감정이 메마른 것은 주변 사람들이 찔레나무 같기 때문이다. 하지만 반대로 당신은 당신의 벗들에게 플라타너스 같다고 말할 수 있는가? 사람은 자신이 받고 싶은 대로 상대방에게 똑같이 해줘야 한다. 황금률이다.

독자께 묻는다. 당신 얼굴을 1분 이상 말 없이 그저 한없이 물끄러미 바라봐주는 사람이 주변에 있는가? 없다고? 그러니 외롭지. 그럼 다시 묻는다. 당신은 누군가의 얼굴을 그저 한없이 1분 이상 물끄러미 바라봐준 적 있는가? 없다고? 그러니 외롭지.

인간관계에 일방통행은 없다.

먼저 누군가의 거울이 되어 그의 얼굴이 내 동공에 한없이 투영되도록 바라봐주자.

삶의 영역은 7가지다. 신체적, 정신적, 감정적, 육체적, 물질적, 도덕적, 영적 영역으로 분류된다. 이 삶의 영역들이 제각각 굴러가도록 내버려두지 않으려면 사람들과 유대감을 키워야 한다. 우정이란 산길과 같아서 자주 오고 가지 않으면 잡초가 무성해지고 길이 막히게 된다. 어렸을 때 친했던 친구라도 커가면서 서먹해지는 경우가 있다. 서로 소원했던 시간 동안 공통점이 없어져가기 때문에 이제는 코드가 안 맞게 된 거다. 오고 가듯 잘 관리해야 한다. 관계란 도로와 같아서 관리하지 않으면 지저분해지고 파이고 부식되기 십상이다. 당신은 당신에게서 시작되어 다른 누군가에게 닿는 수많은 도로를 얼마나 잘 관리하고 있는가? 그 길 위에서 사람들과 마음을 터놓고 마지막으로 대화를 했던 게 언제인지 떠올려보라.

내비게이션에 일단 목적지를 찍었다면 끝이다. 중간 중간 경로를 벗어날 수도 있다. 하지만 그때마다 내비게이션은 다시 경로 재탐색해준다. 조금 더 지체되더라도 결국 목적지에 안전하게 도착하게 된다. 우선 목적지를 찍어라. 그 과정에서 시행착오를 겪거나 잠깐 경로를 벗어나는 일도 있을 것이다. 하지만 일단 목적지를 정했다면 그 여정을 포기하지 않는 한 반드시 도착하게 될 것은 틀림없다.

외로움 때문에 삶이 시들게 해서는 안 된다. 모쪼록 그 여정의 시간을 잘 넘어 부디 외로움과의 전쟁에서 승리를 거두시길.

나는 우리가 섬처럼 외롭게 떨어져
살아가고 있는 현실을 두 눈으로
똑똑히 바라보고 싶었다.
외로움이란 녀석을 직시하지 못한다면
그 해결책도 찾을 수 없기 때문이다.

여기까지 책을 읽은 독자라면
외로움을 이기기 위한 방법 또는
자기 자신만의 답을 얻었을 거라고 믿는다.
사람에게 돌아가라.

서로 내민 손을 잡고
함께 가자

이 책을 쓰는 동안 참 행복했다. 생각했던 것보다 우리 주변엔 너무나도 많은 종류의 외톨이들이 저마다의 고민을 껴안고 살아가고 있었다. 외로움의 맨얼굴을 마주하는 작업은 때로는 우울하고 때로는 버거운 일이었다. 하지만 서로가 마음을 열었다고 확인하는 순간, 외로움은 더 이상 벗어던질 수 없는 굴레가 아니었다. 내가 진정 알고 싶었던 것은 외로움이었지만 내가 그 과정 속에서 마주한 것은 사람이었다. 그래서 이 책을 쓰는 동안 행복할 수 있었다.

내가 만난 사람들은 솔직하게 자신의 외로움을 드러내 보여주었고, 고민을 함께 나누고자 했다. 이 책을 우리 시대의 '외로움 조사 보고서'라 부를 수 있을 정도로 많은 인터뷰와 설문 자료가 쌓였다. 특별히 이들에게 깊은 감사의 인사를 전한다.

포스코, LG그룹, LG전자, SKT, KT, 동부그룹, 롯데마트, 이마트, 프뢰벨, 한솔교육, YBM시사주니어, 에몬스가구, 불스원, 세라젬, 웅진씽크빅, 하이리빙, 티켓몬스터, 삼화페인트, 롯데그룹, 골든듀, 세브코리아, 청호나이스, 웅진코웨이, 월드비전, 아모레퍼시픽, 패션형지, ALAND, 코리아나, 코오롱인터스트리, 한국생산성본부, 한국외식산업경영연구원, 중소기업중앙회, 한국표준협회, 수협, 신협, 농협, KDB 대우증권, 하나대투증권, KB국민은행, 외환은행, 우리은행, 경남은행, KB손해보험, 삼성화재, 라이나생명, 미래에셋생명, 현대해상, 흥국생명, 흥국화재, ING생명, 교보생명, 메리츠화재, 신한생명, 현대라이프생명, 매트라이프생명, AIA생명, 한화손해보험, 롯데손해보험, PCA생명, 동양생명, 삼성생명, 동부화재, 동서대학교, 중앙대학교, 신성대학교, 공주영상대학교, 서강대학교.

위에 밝힌 기업, 단체, 학교 외에 공무원 조직도 포함되어 있지만 특성상 구체적으로 밝히지는 않았다. 따로 밝히지 못한 분들께도 감사의 인사를 전한다.

우리는 그동안 너무 외롭게 살아왔다. 이 책을 통해서 더 많은 사람들이 마음의 문을 열고 외로움의 골방을 박차고 나오기를 바란다. 이 책은 다만, 당신이 지금보다 조금이라도 덜 외로울 수 있도록 이 처절한 외로움의 시대를 함께 건너자고 내미는 만남의 손길이다. 사탕발림 같은 위로와 허황된 성공 방정식이 판치는 말들에 휘둘리지 말고 자존감을 되찾자. 누군가 손 내밀어주기만을 기다리지 말고 먼저 다가가 손을 내밀자. 그게 시작이다. 그럼으로써 우리는 서로에게 소중한 하나의 의미가 될 것이다.

1) 문화체육관광부 2014 국민여가활동 및 문화향수 실태조사 자료.

2) Pressman, S., Cohen, S., Miller, G. E., Barkin, A., Rabin, B. S., & Treanor, J. J., 'Loneliness, social network size, and immune response to influenza vaccination in college freshmen'. *Health Psychology*, 24, 2005 Jul.

3) Freudenberger, H. J., 'The staff burn-out syndrome in alternative institutions', *Psychotherapy : Theory, Research, and Practice*, 1975.

4) Richard Saul Wurman, *Information Anxiety*, Doubleday, 1989.

5) John Naisbitt, *Megatrends : Ten New Directions Transforming Our Lives*, Warner Books, 1982.

6) David Shenk, *Data Smog : Surviving the Information Glut*, HarperOne, 1998.

7) 不教而殺 謂之虐, 不戒視成 謂之暴, 慢令致期 謂之賊. 猶之與人也 出納之吝謂之有司.

8) 'Woman marries HERSELF in emotional wedding ceremony after failing to meet 'the one' before the age of 40', *Daily Mail* 2015. 01. 27.

9) John Sabini, Maury Silver, *Moralities of Everyday Life*, Oxford University Press, 1982.

10) 우종민, '행복보다 전염 15배 빠른 분노, 15번 심호흡하고 15분만 기다려보세요',
    〈조선일보〉 2014. 6. 28.

11) 데이비드 랜들, 《잠의 사생활》, 해나무, 2014.

12) 우종민, '식탁에 마주앉아선 부부싸움 못풀어… 같은 방향 보고 걸으며 대화하세
    요', 〈조선일보〉 2014. 5. 31.

13) 마크 시켈, 《화해의 기술》, 지식의날개, 2006.

14) 장문정, 〈쇼호스트의 목소리가 소비자 행위에 미치는 영향에 관한 연구: 음높이
    와 언어전달속도를 중심으로〉, 중앙대학교 신문방송대학원, 2011.

15) Madeline Levine, *The Price of Privilege*, Harper Perennial, 2008.

16) 최재천, '위안과 감사', 〈조선일보〉, 2014. 3. 11.

17) 조창연, "'중독된 사회' 당신은 안녕하십니까', 〈경향신문〉 2013. 1. 18.

18) 조 내버로, 《위험한 사람들》, 리더스북, 2014.

19) 결혼 정보 회사 듀오 2030 미혼 남녀 793명 대상 설문 조사. 2014년 7월.

20) 이승호, '사기범 된 '고시 3관왕'', 〈중앙일보〉 2014. 4. 7.

21) '혼자 밥 먹기 싫죠? 외톨이들 이어주는 '밥 모임'', 〈조선일보〉, 2013. 3. 19.

22) 한국갤럽, '전국 8400가구 대상 대한민국 주거행복도 조사', 2012년 6~7월.